流程要简化
标准要量化

赵云龙◎著

中国经济出版社
CHINA ECONOMIC PUBLISHING HOUSE
·北京·

图书在版编目（CIP）数据

流程要简化 标准要量化／赵云龙著．
—北京：中国经济出版社，2019.3（2024.3重印）
ISBN 978－7－5136－5313－8

Ⅰ.①流… Ⅱ.①赵… Ⅲ.①企业管理 Ⅳ.①F272

中国版本图书馆 CIP 数据核字（2018）第 187056 号

责任编辑 李 丰 高晓晔
责任印制 巢新强
封面设计 任燕飞

出版发行 中国经济出版社
印 刷 者 北京科信印刷有限公司
经 销 者 各地新华书店
开 本 710mm×1000mm 1/16
印 张 17
字 数 236 千字
版 次 2019 年 3 月第 1 版
印 次 2024 年 3 月第 8 次
定 价 58.00 元
广告经营许可证 京西工商广字第 8179 号

中国经济出版社 **网址** www.economyph.com **社址** 北京市东城区安定门外大街 58 号 **邮编** 100011
本版图书如存在印装质量问题，请与本社销售中心联系调换（联系电话：010－57512564）

前言 PREFACE

企业能创造多大效益，很大程度上取决于其运营效率。部门分化、信息断层、行动标准不一致等都是降低运营效率的主因。为了改善这种状态，企业要学会简化工作流程，量化工作标准。通过简化工作流程，消除冗余的无效环节，将有效环节紧密衔接，花费最少的时间做最多的事情，从而提升工作效率；通过量化工作标准，对各项工作提出更加明确的要求，让每个员工都能深入理解工作规范，确保行为高度一致，从而提升工作质量。

作为通信行业的翘楚，华为有着庞大的组织分支。而使华为能够始终保持高效运转的法宝，就是流程。在华为，任何工作都要按照既定的流程走。企业非常重视流程管理，并根据出现的问题随时对流程加以修改与完善。

以华为阿根廷代表处对“投标到合同流程”的简化过程为例，我们来看看华为是怎样提高运营效率的。2017 年 6 月，华为公司变革指导委员会启动了阿根廷代表处的流程优化试点，以“对准与客户做生意更简单、更高效、更安全，对准内部效率提升和财报满意，沿自身场景集成并优化各流程，简化管理，建设和优化自己的流程管理体系”为目标，从投标到合同中“跑得苦、跑得慢”等问题点出发，对流程进行了简化。

在简化流程的过程中，华为确定了流程简化的目标和方向。首先，通过全面调查，找出流程痛点，简化流程目标；其次，以业务部门为主要成员，建立专门的流程优化团队；再次，对整体业务进行梳理，分析价值流程图，找出各个业务环节上的痛点，识别差距；最后，对几个高频发生以及正在发生着的投标合同事务进行还原，将核心优化思路确定为“流程一定要场景化”，并对流程加以简化。

通过简化工作流程，华为大幅减少了投入到重复、冗余、低风险事务中的精力，企业工作效率得到大幅提升。

而在量化标准方面，麦当劳则是典型案例。作为全球最大的快餐公司之一，麦当劳之所以能够一直保持良好的产品质量与服务质量，与其量化标准是分不开的。

在麦当劳，任何工作都有标准，任何标准都可量化。比如，在原材料选择方面，奶浆供应商在送货时，提供的奶浆温度如果超过4℃必须退货；面包如果不圆、切口不平不能接收；牛肉饼从加工开始，要经过40多道质量检查关，只要有一项不符合规定标准就不能出售；餐厅的一切原材料必须严格保证保质期和保存期，比如生菜从冷藏库送到配料台只有2小时的保鲜期，如果超过2小时就必须处理掉。

在肉饼制作方面，麦当劳严格要求牛肉原料必须挑选精瘦肉，牛肉由83%的肩肉和17%的上等牛五花肉精制而成，脂肪含量不得超过19%。牛肉绞碎后，一律按规定做成直径为98.5毫米、厚度为5.65毫米、重量为47.32克的肉饼。

通过这样的量化标准，麦当劳给了员工更加准确的工作信息，员工的工作内容更加具体，工作方式也更加直观。

简化流程，需要从设计流程、执行流程、把控流程、检查流程以及优化流程五个方面系统实施；量化标准，需要从设计标准、实施标准、考核标准、检验标准以及完善标准五个方面制定落实。只有做好计划，谋定而后动，并且在实施过程中给予充分把控，对结果进行缜密的分析与修正，才能使流程与标准在企业中真正发挥作用。

目录 CONTENTS

上篇　流程要简化

所谓工作流程，是指工作事项的活动流向顺序，包含实际工作过程的环节、步骤以及程序。通过工作流程，可以明确工作方法，维护工作秩序。设计一套简洁合理的流程是发挥流程作用的第一步。设计流程时，要准确抓取流程设计的重点，从工作目标、运营环节、部门职责、流程构成要素等多个方面进行分析，精简设计，消除冗余。

执行是衔接目标与结果的过程。想要流程发挥作用，关键在于落地执行。相当一部分企业由于执行混乱而影响了最终流程管理的效果。为了简化执行过程，提升执行效率，要尽量避免执行过程中的不确定因素，将需要完成的各项工作按照一定的逻辑顺序加以排序，并用一、二、三、四的形式明确操作内容。

所谓流程节点，是指一项工作需要分为不同阶段完成时，某一阶段结束、另一阶段开始时的转接点。节点是工作流程的精髓，每个节点由不同的人完成，每个人又分属不同的角色，花费不同的时间，从一个节点流向下一个节点。通过节点的这些属性，将每一个节点连接起来，就可以实现流程的流转以及控制。所以，把控流程，节点是关键。

说起流程检查，好似躲猫猫，检查者步步紧逼，被检查者躲躲藏藏。事实上，流程检查并不是简单的“你做我查”，流程检查只是手段，确保流程执行符合要求才是最终目的。通过流程检查，就是要暴露问题并找出原因，以实现流程优化与强化的目的。

在传统的以职能为中心的管理模式下，流程常常隐蔽在臃肿的组织结构背后，运作复杂，效能低下。在这种情况下，就要不断进行流程优化，以提升流程管理效果。鉴于流程问题的复杂性，并非一蹴而就，所以在优化流程时要找准优化核心，将核心流程作为优化重点，逐步开展优化工作。

下篇　标准要量化

完善的标准是获取完美结果的有力保证。通过将无形的工作要求书面化，给员工的各项工作提出明确要求。但是，由于工作内容千差万别，不同的工作岗位其工作标准有明显不同。在设计工作标准时，要分清岗位，将工作内容具体化、规范化，为每个岗位制定适合的执行标准，为员工的工作结果提供衡量依据。

标准实施是很多企业管理工作中的难点，标准实施不到位使工作标准只能“挂在墙上”。之所以会出现这样的情况，根本原因在于标准执行指令不明确。所以，管理者要根据既定标准准确描述每项工作的指令，让员工知道做什么，怎么做，做到什么程度，以此保证工作效果。

员工不做你想要的，只做你考核的。这句话从一定程度上表明了考核在促进标准落实方面的重要作用。依据标准，给各项工作制定明确、精细的考核指标，不仅可以明确员工的工作方向，还能适当给员工加压。在员工努力完成考核指标的同时，其实也达到了促进标准落实的目的。

工作标准保证了工作结果，同时工作结果也在一定程度上反映了工作标准合适与否。只有完善的工作标准才能产生完美的工作结果。如果标准存在不当之处，则会直接反映在结果上。所以，通过分析工作结果，可以反推工作标准是否完善合理。

上篇

流程要简化

第一章

设计流程抓重点，让流程管理事半功倍

所谓工作流程，是指工作事项的活动流向顺序，包含实际工作过程的环节、步骤以及程序。通过工作流程，可以明确工作方法，维护工作秩序。设计一套简洁合理的流程是发挥流程作用的第一步。设计流程时，要准确抓取流程设计的重点，从工作目标、运营环节、部门职责、流程构成要素等多个方面进行分析，精简设计，消除冗余。

1

明确流程设计目的与工作目标

做任何事情都有一定的目的，也只有明确了目的，之后的工作才能更加有针对性，也才能不断朝着正确的目标迈进。设计流程也是一样，首先需要明确设计目的与工作目标。在实际工作中，很多人并没有明确设计目的与工作目标，便开始流程的设计工作，导致设计的流程不符合实际情况，看似非常完善，但是却无法施行，只能成为“纸上蓝图”。这样的做法，不仅导致所设计的流程无法应用在实际工作中，还造成了人力、财力与工作时间的浪费。所以，在设计工作流程时，需要明确设计目的与工作目标，只有从设计目的出发，才能设计出符合实际工作需求的工作流程。

章琳是一家杂志社的主编。出于经济方面的考虑，杂志社对杂志版面进行了调整，要求在原来内容的基础上增加一些广告信息，以向广告投放者收取一定的广告费。但是，突如其来的增加广告信息的决定打乱了编辑部的工作流程。为此，章琳不得不重新设计编辑部的工作流程。

章琳在设计工作流程之前，首先对当前的工作情况做了全面分析。通过分析她发现，自从实行在杂志中添加广告信息的决定之后，总是出现编辑部、设计部已经将杂志版面设计完成了，广告信息才送到的情况，导致编辑部与设计部不得不重新设计版面，不仅浪费了大量的时间与人力，还延误了杂志的出版。

在了解到这样的状况之后，章琳认为当前最重要的工作就是保证杂志能够按时出版，而版面设计与广告信息的排版方式则可以放在第二位。所以，章琳明确了流程设计的目的，即保证杂志按时出版。

为此，章琳将一周的工作流程做了如下安排（见图1－1）：

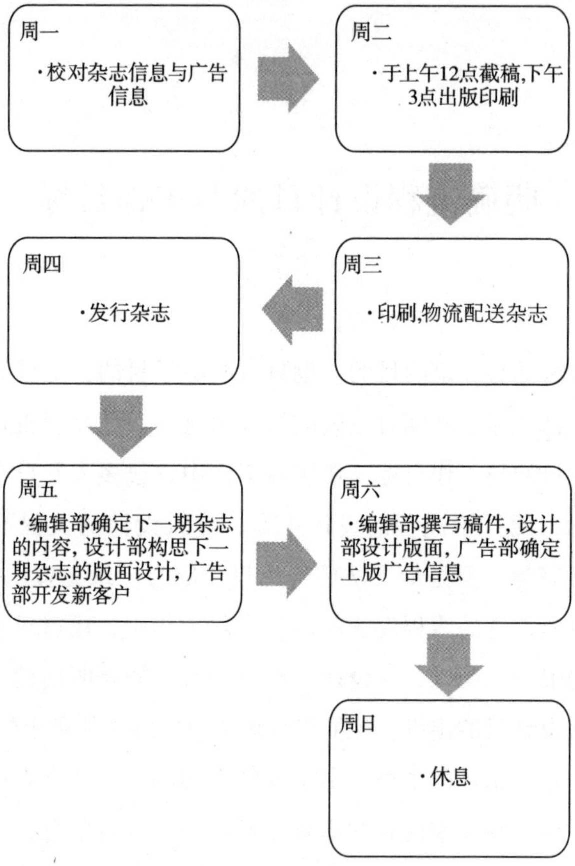

图1－1 杂志社一周的工作流程

在设计了工作流程之后，各个部门都严格按照工作流程开展工作，有效避免了由于广告信息确定的时间晚而延误杂志出版的情况。之所以取得这样的效果，就是因为章琳在设计流程之前分析了工作情况，明确了流程设计的目的，针对具体的目的设置流程内容，使得流程能够解决实际问题。并且，由于章琳事先了解了工作情况，她得以在设计流程时尽量避免一些无效的环节，保证所设计的工作流程精简、高效，能够有效提升工作效率。

为了在设计流程之前明确流程设计目的与工作目标，就要对当前工作情况做一个详细的了解和分析，了解工作的环节、主次以及需要解决的问题。

了解分析工作环节

在设计流程之前，首先要分析工作环节。针对一项具体的工作，了解其中存在的各个环节，为设计流程提供依据。同时，为了最大限度地简化工作流程，还要对工作环节进行梳理，对其中不必要的环节进行删减，对功能相同或者相近的环节进行合并。

约翰是一家公司的采购部经理，在针对采购原料制定工作流程时，他对采购原料的工作环节进行了梳理。通过了解他发现，采购人员采购原料工作主要包括确定购货订单说明书、询价、比价、议价、订购、催交、进货验收与整理付款几个环节。其中，如果能够做好各个方面的协调工作，催交这一环节完全可以避免；而询价、比价、议价则可以合并。所以，约翰最终将原料采购工作流程分为确定购货说明书、选择合适的供应商、订购原料、进货验收和整理付款 5 个环节。

梳理业务的主次

任何一个企业中的业务都有主次之分，在设计流程时，要分清企业的主要业务与分支业务。其中，主要业务就是设计流程时的重点，而分支业务则在主要业务之后。例如，在一个餐厅中，点餐和结账就是其主要业务，而在点餐过程中，询问客人口味喜好、打印分单则属于点餐环节的分支业务；询问客人支付方式、打印消费单据则属于结账环节的分支业务。

企业管理者在设计流程的过程中，要对一项具体工作的主要业务和分支业务做出明确的界定和分析，并将其准确地体现在工作流程中。

寻找业务中的关键问题

工作流程的一个重要作用就是解决工作中出现的问题，所以，在设计流程的过程中，就要寻找业务中的关键问题，并予以解决。

例如，在上面杂志社主编章琳的案例中，主编章琳在设计工作流程时，首先明确了业务中的关键问题：由于杂志社进行了版面调整，决定在杂志版面中加入广告信息，但是通常广告信息确定得晚，导致设计好的版面每次都要重新调整，这严重影响了杂志的出版效率。

在明确了业务中的关键问题之后，主编章琳在设计工作流程时，就着重解决“影响杂志出版效率”这一关键问题，使得其所设计出的工作流程符合实际工作的需要，进而解决了实际工作中存在的问题，让工作流程真正发挥了作用。

2 在工作方式中找流程环节

工作流程是指工作事项的活动流程顺序，包括实际工作过程中的工作环节、步骤以及程序。在一定意义上，工作流程就是完成一项工作的标准方式。通过工作流程，可以明确工作方式，提升工作效率。所以，在设计工作流程时，最重要、也是最基本的，就是从工作方式中寻找流程环节，工作方式中的一个步骤就是工作流程中的一个工作环节，从工作方式中提炼出必要的工作步骤，组合起来，就是一套精简的工作流程。

分析工作方式，确定工作步骤

要想在工作方式中寻找流程环节，首先就要针对一项具体的工作，分析工作方式，找出完成这项工作的工作步骤。确定了工作步骤后，才能确定工作流程中的各个环节。由于工作流程中包括做事的内容及各项工作内容的先后顺序，所以，在针对一项工作分析其工作方式时，也要同时分析需要做的工作内容及其做事的先后顺序。

以打扫卫生为例，需要确定用哪些工具来做，如扫把、拖把、抹布等；需要确定用到哪些清洁剂，如洗涤剂、去污粉、洁厕灵等；需要确定做完之后的结果满意度，如由谁来评定结果的好坏，需要达到什么样的标准；并且，还要考虑通过什么样的方式能保证工作达到要求。在确定了这些工作步骤以后，就可以进一步确定工作流程中的各个环节了。

总体来说，通过分析工作方式、确定工作步骤，就是要理清我们日常做的各项工作的工作顺序，抓住每一项工作过程的主要环节，明确责任和权限，并使各个环节衔接和流动起来。在确定了具体的工作步骤之后，就可以根据工作步骤确定工作流程中的各个环节。

通常，我们在分析工作方式、确定工作步骤时，需要确定以下几个方面的内容（见图1－2）：

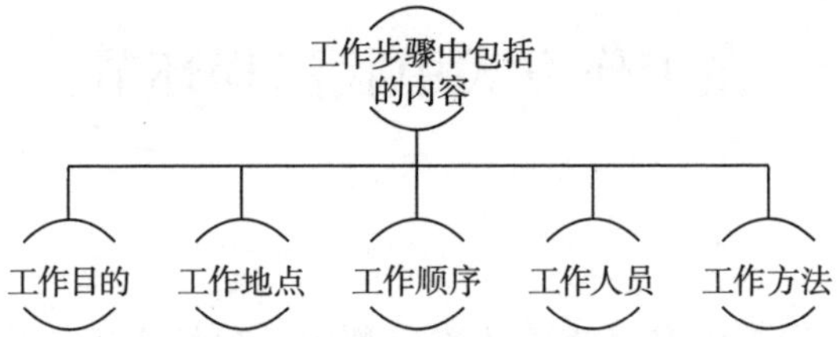

图1－2 工作步骤中包括的内容

其中，工作目的主要是为了减少工作中不必要的步骤。通过分析实际做了什么、为什么要做、该环节是否必要以及应该做什么几个方面来分析工作目的；分析工作地点则是为了尽可能地将相关工作进行合并，以保证工作流程的精简。为此，需要具体考虑现在在什么地方做、为什么在该处做、能否在别处做以及应当在什么地方做等几个问题；分析工作顺序主要是为了保证工作流程中各个环节顺序的合理性、具体应该分析现在什么时候做、为什么在这个时候做、能否在其他时间做以及应当在什么时候做等问题；分析人员主要是为了保证流程环节与人员的匹配性，具体应该考虑工作现在由谁做、为什么要指定这个人做、是否能够让其他人做以及应当由谁做等问题；而分析工作方法主要是为了简化操作方式，具体应该分析现在怎么做、为什么这样做、能否用其他方法做以及应当用什么方法做等问题。

将工作步骤变成流程环节

在确定了完成一项工作的具体工作步骤后，就要将工作步骤变成流程环节。用工作流程将复杂的事情简单化，把简单的事情规范化。通过将工作步骤变成工作流程中的各个环节，规范完成一项工作的具体方式，形成工作流程。在将工作步骤变成流程环节、设计工作流程的过程中，应该考虑以下几个方面的内容（见图1－3）：

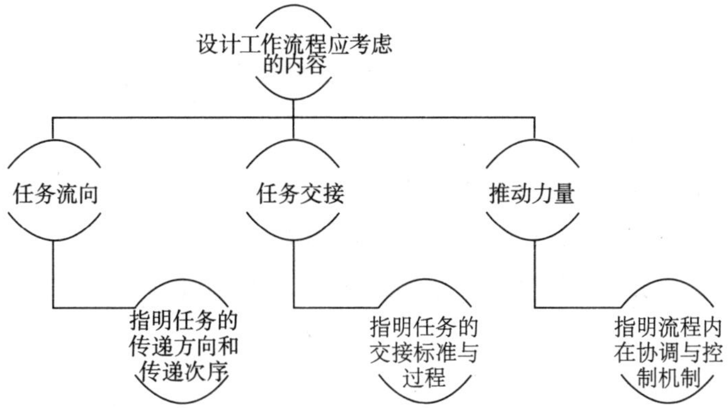

图1－3 设计工作流程应考虑的内容

此外，在设计流程时，还要遵循一定的原则：

原则一，以客户为中心。客户是一个企业生存发展的基础，有客户才会有发展，所以，在设计工作流程时，要以客户为中心。在将工作步骤变为流程环节的过程中，要充分考虑对客户可能产生的影响，保证流程能够最大限度地满足客户需求。

原则二，以价值为导向。设计工作流程的目的就是要提高工作效率，为企业创造更多的价值。所以，在将工作步骤变为流程环节的过程中，要以价值为导向，尽量精简工作步骤，提升工作效率。

原则三，以人为本。工作流程要想发挥作用，需要其中每个人员的精诚合作，人是工作流程中的一个重要元素。所以，在确定流程环节时，要充分考虑人的因素，以人为本，才能最大限度地保证工作流程的实用性。

以红酒服务为例：工作步骤中，需要给客人提供酒水单；在客人确定红酒后，要拿给客人确认；待客人确认之后，就要给客人斟酒；如果客人有需要，还要为客人进行续杯。在这一过程中，会涉及的物品有酒柜、酒篮以及开瓶器等。

根据以上工作步骤，设计红酒服务的工作流程如下：

第一，准备工作。

（1）准备酒篮，并将一块干净的餐巾铺在酒篮中。

（2）将葡萄酒放在酒篮中，商标向上。

（3）在客人的水杯右侧摆放红酒杯，间距为1.5CM。

第二，示瓶。

（1）服务员右手拿起装有红酒的酒篮，走到客人座位的右侧，另取一个小碟子放在宾客餐具右侧，用来放开瓶后取出的木塞。

（2）服务员右手持酒篮，左手轻托酒瓶底部，倾斜45度，商标向上，询问客人是否立即开瓶。

第三，开瓶。

（1）将红酒立于酒篮中，左手扶住瓶颈，右手用开酒刀割开封口，用一块干净的餐巾布将瓶口擦净。

（2）将酒钻垂直钻入木塞，注意不要旋转酒瓶，并轻轻拔出。

（3）将木塞放入准备好的小碟子中，并将其摆在客人红酒杯的右侧，间距一到两厘米。

第四，斟酒服务。

（1）服务员将打开的红酒放回酒篮，商标向上，同时用右手拿起酒篮，从客人右侧斟倒五分之一的红酒，请客人品评酒质。

（2）客人认可后，按照先宾后主、女士优先的原则，依次为客人倒酒，斟酒量为二分之一杯。

（3）倒完酒后，把酒篮放在客人餐具的右侧，注意不能将瓶口对着客人。

第五，续杯服务。

（1）留意客人杯中酒量，掌握好续杯的时机。

（2）当整瓶酒将要倒完时，询问客人是否要再加一瓶。如果不需要，待其喝完后及时撤掉空杯；如果需要，按照上述内容和标准再操作一遍即可。

3 界定相关部门与岗位职责

设计工作流程时，首先要根据工作方式确定流程中的各个环节，其次将工作流程补充完整。界定工作流程的范围，确定参与该工作过程的各个部门或者岗位，以及它们的职能和作用，这也是流程设计的关键步骤。只有明确了工作流程中所涉及的工作部门和工作岗位，并明确各个方面的工作职责，工作流程才能真正落地实施。并且，明确各方面的工作职责，还可以有效减少流程中的重复或者无效内容，使工作流程变得精简，提升工作效率。

明确工作范围，确定工作部门与岗位

要明确流程中各个工作部门和工作岗位的具体职责，首先就要针对一项工作找出其在工作流程中所涉及的工作部门与工作岗位，其次再有针对性地划分后者的工作职责。

而当明确了具体的工作范围之后，就要根据各个部门或者工作岗位的工作特性，确定其是否属于工作范围之内，即完成一项特定的工作是否会涉及某工作部门或者工作岗位。如果会涉及，则证明这一工作部门或者工作岗位应该被列入工作流程之内，反之则不需要列入流程之内。

C 公司是一家食品生产公司。在设计工作流程时，C 公司非常注重明确工作部门和工作岗位的具体职责。例如，在一次设计关于采购原料的工作流程时，C 公司首先对所涉及的工作部门进行了明确。

C公司在设计工作流程时，首先对采购原料这一工作进行了从头到尾的梳理，其次将其中所涉及的工作部门和工作岗位进行了明确。最终确定，采购原料这一工作流程中所涉及的工作部门分别为总经理办公室、原料发展部、市场部、生产部、仓储物流部、采购部、审计部、综合控制部、原料招标采购委员会。在确定了所涉及的工作部门之后，C公司对各个部门在原料采购工作流程中所具有的作用进行了初步界定，确定了如下流程（见图1－4）：

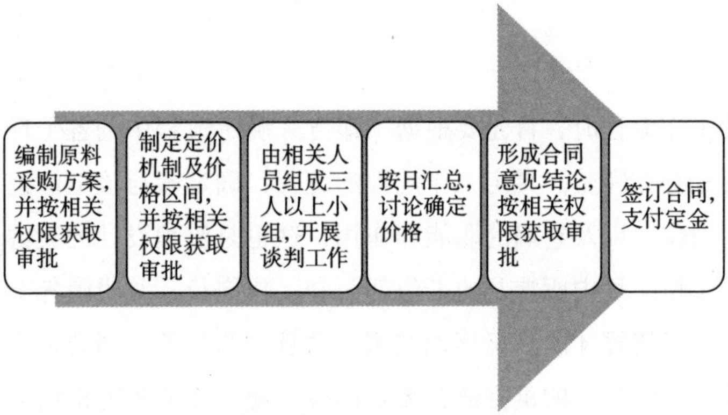

图1－4 原料采购流程

在图1－4中，各相关负责部门分别为原料发展部、原料发展部和市场营销中心、原料控制部和综合控制部、原料发展部、原料发展部、原料发展部。

在上述流程中，首先，确定了采购原料涉及的工作部门；其次，设计工作流程；再次，根据各个工作部门的工作特点，初步确定其在工作流程中所负责的工作内容；最后，完成工作流程的初步设计。

设计各个工作部门的具体职责

在确定了工作流程中涉及的工作部门、完成了工作流程的初步设计之后，就要设计各个部门在工作流程中所担负的具体职责。当各个部门的工作内容得到明确后，员工的工作就会更加具有针对性。

在明确部门的工作职责时，要明确两个方面，即职能和责任。职能是主体，是责任的载体，而责任是对职能的约束。职责具有两层含义：一是应该完成的工作，二是应该承担完成工作的后果。通过明确各个部门的具体职责，能够保证每项工作都有相应的责任人，并且每个部门乃至员工都能在工作流程中迅速找到自己的定位，明确自己的工作内容。

在确定部门的具体职责时，首先要确定各个部门的主要业务模块；其次将各项工作进行细分，从而确定部门的具体工作职责。

在明确了部门的工作职责后，还要编写部门职责说明书。通过部门职责说明书将各部门的工作书面化，这不仅有利于各部门员工明确自身的工作职责，还可以将部门职责制度化，对具体工作发挥实际的指导作用。

分工明确，清晰划分各个部门职责的界限

一些企业在设计流程时，虽然明确了各个部门的具体工作职责，但是，各个部门的工作职责往往存在界限不清的问题。各个部门的职责可能会存在重叠的情况，或者由于分工不合理，导致一些工作无人负责，出了问题无法找到直接负责人。工作流程中存在这样的问题，会严重影响工作效率及工作质量。

在实际工作中，部门职责界限不清晰所带来的管理问题是多种多样的，通常表现为以下几种情况（见图1－5）：

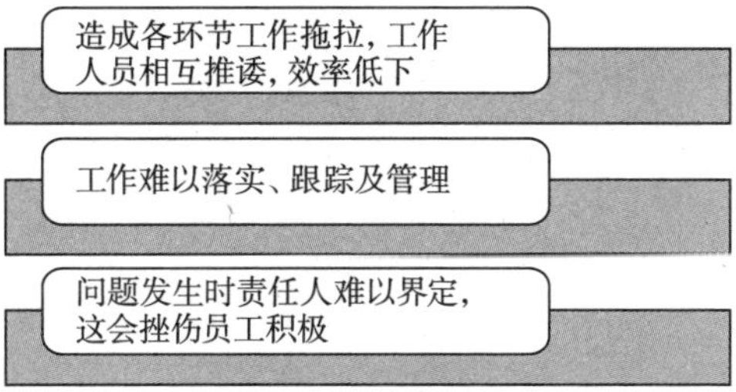

图1－5　部门职责界限模糊的危害

所以，企业管理者在设计工作流程时，要尽可能地将各个工作部门的工作职责划分清楚，做到部门职责界限清晰。这样不但有利于提升工作效

率，还能最大限度地简化工作流程，减少不必要的环节。

首先，在设计流程并确定工作部门的具体职责时，部门职责划分要避免一项职责无人负责的现象，同时也要避免多人负责没有主次的现象，严格保证一项工作职责只有一个主要负责的部门。

其次，要避免忽视主要职责的现象。在实际工作中，一个部门的工作职责通常包含多项工作内容，在明确工作职责时，要着重找出部门的主要职责，避免分工不当及职责不清。

再次，为了保证工作执行的效率及工作质量，还要设置相应的监督部门。并且，监督与执行不能在同一个部门。

最后，部门工作职责梳理要全面，一个部门的工作职责中不能存在过多的突发事件，也不能存在部门职责的交叉、冗余、错位和缺失现象。同时，各部门相互分工、隶属、合作关系应该明确。

4

从实际工作中确认流程构成要素

工作流程往往反映了完成一件工作所需要的工作步骤，其中包括具体工作方法、人员、步骤衔接等多种要素，正是因为这些要素，组成了一个完整的工作流程。在流程设计中，流程构成要素缺一不可。所以，企业管理者在设计工作流程时，需要明确流程要素。通过明确流程要素，不仅能够保证所设计流程的完整性，还能简化流程设计过程。通过将流程要素进行有机排列，即可完成工作流程的设计。另外，企业管理者在确定流程要素时需要明确的一点是，工作流程是实际工作方式的反映，为了保证工作流程的可操作性与实用性，需要从实际工作中寻找、确认各流程要素。

从工作步骤中寻找确定流程环节

流程是一系列连续有规律的行为或事项所形成的程序，因此，一个完整的工作流程的重要构成要素就是流程环节。

环节，指的是流程中的每个阶段或者步骤。活动或事件在其发展的过程中，依据某种特征和方式，可分解为若干个小过程。同时，环节又包含若干个可以分解的、目标更具体的事项。环节是工作的具体实施动作，每一个工作流程都离不开环节。所以，企业管理者在确认流程构成要素时，首先应该确定流程中的各个环节，其次再确定出流程的大体框架。

在某家机械装配厂中，其装配螺丝钉的工作步骤如下：

首先，在装配螺丝钉之前，先将螺丝钉放在冷藏室里进行冷藏。其次，待螺丝钉冷藏一段时间之后取出，使其持续处于低温状态，并将环境温度控制在15℃。最后，将螺丝钉轻松装上。装上去之后，由于螺丝钉会发生热膨胀，和机器的咬合就会更加紧密，连接就会更加牢固。

根据其装配螺丝钉的工作步骤，可以找出其中的流程环节，即冷藏螺丝钉和装配螺丝钉。在设计装配螺丝钉的工作流程时，就可以将冷藏螺丝钉与装配螺丝钉作为两个流程环节。

同时，根据环节特性，还可以将其进一步划分为更加细化、更加具体的工作事项（见图1－6）：

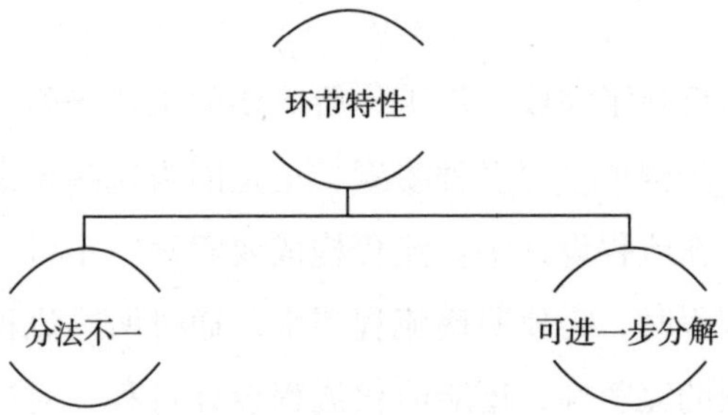

图1－6 环节特性

如上述案例中的装配螺丝钉流程，流程环节大致可以分为冷藏螺丝钉和装配螺丝钉。而这两个环节又可以分别细化，具体细化为：冷藏螺丝钉可以分为冷藏和领取两个环节，而装配螺丝钉又可以分为安装和热膨胀两个环节。

所以，企业管理者在确认流程环节时，要根据实际工作步骤来划分流程环节，同时，将每个环节再予以进一步划分，使流程环节更加全面完善。

从工作的先后次序中寻找确定环节时序

时序是流程的又一构成要素。在实际工作中，我们所做工作的每一步之间都存在一定的时间顺序，通过将工作步骤按照先后进行排列，才能最终促成工作结果，这其中表现出的，就是时序。

时序，指的是各环节按照一定的时间顺序先后出现、完成。这种时间顺序的关系，就称为时序。时序代表着流程环节随着时间的变化，依次完成的进程，即为了一定的目的所做事情的顺序。在确定流程构成要素时，梳理各流程环节的先后顺序，确定流程时序是非常关键的一步。

根据不同流程环节之间的逻辑顺序，流程的时序包括以下三种情况（见图1－7）：

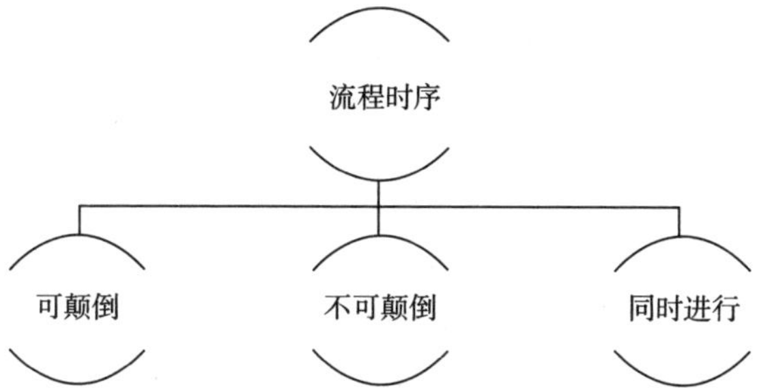

图1－7 流程时序的三种情况

生活中，洗漱流程中各个环节之间就是可颠倒的时序。如洗漱的时候，可以先洗脸，后刷牙；也可以先刷牙，后洗脸。刷牙与洗脸两个环节颠倒之后，并不会对最终的结果产生影响。工作中，修改文件流程中各个环节之间可颠倒的顺序。如修改文件的时候，可以先修改时间错误，再修改数据错误；也可以先修改数据错误，再修改时间错误。但不论两个环节的先后顺序如何颠倒，都不会对最终修改文件的结果产生影响。

但是，工作中同样存在着大量时序不可颠倒的案例。如修补轮胎可以分为拆卸、检查和修补3个环节。由于内胎被保护在外胎之内，所以，只能将拆卸外胎排在检查之前；检查之后才能修补，检查要排在修补之前。这3个环节的次序不能颠倒。

再如，检查电路时，可以分为断电、检修两个环节，如果将检修排在断电之前，没有断电就开始检修，则存在触电危险。所以，检查电路的环节时序只能是断电、检修，而不能颠倒。

因此，企业管理者在设计工作流程时，要针对具体工作分析其各个环节顺序是否可以颠倒，以确定流程时序。

根据岗位职能确定工作具体实施人

任何一项工作都需要人来完成，人是工作流程中必不可少的一个构成要素。流程构成要素中的人，需要细化到每一项工作的具体实施人。通过确定工作的具体实施人，工作流程在实际实施过程中，才能保证工作有人做，责任有人担，从而保证工作流程的落地实施。如果没有人实施，工作流程不论设计得多么完美，都无法落地实施。

企业管理者在确认工作的具体实施人时，主要依据为具体的工作内容。所以，企业管理者首先需要根据各个环节的工作需要，确定该环节所设置的各个工作岗位；并依据工作岗位划分具体的工作内容；最后，通过细化工作内容找出负责人。通过这样的方式，将工作流程从“纸上蓝图”变为在工作中发挥实际作用的工作标准程序。

总体来讲，流程构成要素主要有环节、时序、人三类，企业管理者在确定流程构成要素时，将以上三种构成要素进行确认，即可完成工作流程的设计。

5

试行、修正、确定

为了最大限度地发挥流程在工作中的作用，在流程设计完成后，不能直接投入使用，而需要对设计的流程进行检查及优化。通过流程试运行，寻找流程中存在的问题和漏洞，并针对发现的问题做相应的修正。在确保流程无误后，才可以真正将工作流程确定下来，投入实际工作中使用。所以，企业管理者完成流程设计之后，就要针对流程做试行、修正和确定。

寻找试点，试运行工作流程

在流程试运行时，需要明确的一点是：流程试运行并不是与外界孤立地模拟运行，而是需要投入实际工作中，使用真实的库存和真实的系统，即整个工作环境都必须是真实的。只有这样，才能准确发现流程中存在的问题。所以，在流程试运行时，首先要寻找合适的流程试行试点。

通常，流程试行的试点有多种形式，例如只涉及一个客户、一种产品，或者只在一个固定区域内试行。通过这样小范围的试行工作流程，即使工作流程中存在问题，也不会造成严重的负面影响，还可以在发现问题之后及时修正。

在确定了试行试点后，就要启动工作流程试运行。在试运行开始之前，各流程负责人要制定所负责流程的试运行计划表，在其中设置明确的起止时间，如果试运行过程中出现了不可控的客观因素，流程负责人要及时更新计划表，并报高层领导审批。

第一，明确试运行的目的。例如，通过试运行检测流程的可操作性以及运行结果是否可以达到一定的评测指标，及时发现流程中存在的问题，并准确记录、分析和解决问题。对试运行到固化次数做综合性评估，从而达到流程固化和优化的目的，有效提升企业工作效率。

第二，确定流程试运行中流程负责人的职责，这是保证流程试运行顺利进行的关键步骤。流程负责人要对自身在流程试运行中应担负的职责有明确的认识。通常，在流程试运行中，流程负责人的职责包括以下几项内容：

（1）组织并领导项目小组，协调跨组织合作，保持组员稳定性。

（2）保持项目小组成员在流程试运行工作中的积极性，帮助项目小组成员明确自身在流程试运行过程中所扮演的角色及工作职责。

（3）对所负责的流程中的各方面人员进行培训，确保流程及相关文件执行到位。

（4）收集流程试运行过程中表现出的各类问题。

（5）全面协调、监督各个方面的试运行工作，控制时间进度，在项目发生变更时及时调整工作计划，并说明原因。

（6）配合项目秘书组，组织推动流程的试运行、持续修正及优化，并监督流程的实施。

第三，确定试运行前的培训内容。在流程试运行之前，为了保证试运行中各个方面的人员都能对试运行工作有一个清晰的了解，要对相关人员进行适当的培训。培训内容通常包括以下几点（见图1－8）：

在培训过程中，要设置专门的培训文档，对培训的情况做最详细的记录。

寻找问题和修正方法

通过流程试运行，可以发现流程中存在的各种问题。在这样的情况下，就要寻找相应的解决办法，对流程试运行过程中表现出的问题进行修正。

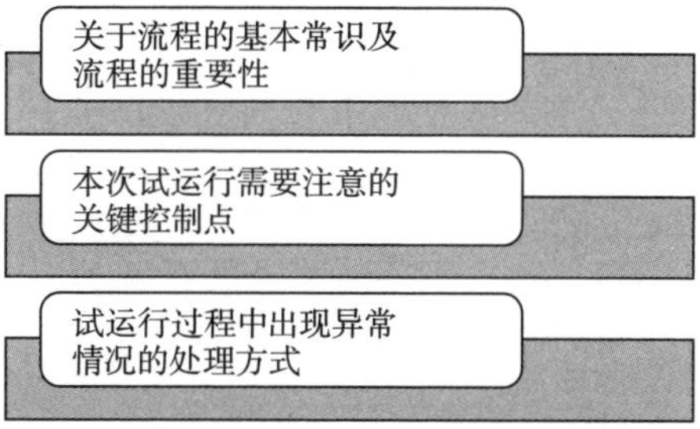

图1-8　培训内容

为了尽可能全面地发现流程中存在的问题，在流程试运行过程中，企业管理者和流程负责人要对流程试运行情况进行全程跟踪、记录，针对发现的问题及时寻找解决办法。

通常，在流程试运行过程中，发现的流程问题主要有以下几种。

问题一：流程设计缺陷。这类问题主要表现为流程环节设计得不够完善，导致一些环节出现漏洞或者重叠；或者是对于一些工作内容描述不清，导致员工在实际工作中产生误区，影响工作的执行。

问题二：业务问题。在流程试运行过程中，对于其中存在的业务问题表现非常明显，会严重影响工作的推进。通常，业务问题主要表现为以下几类（见图1-9）：

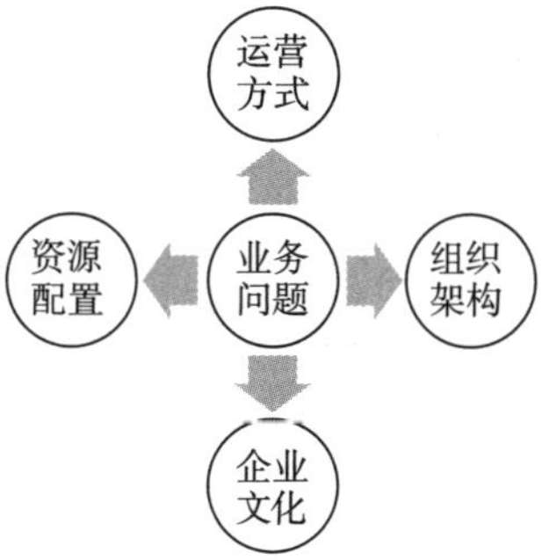

图1-9　业务问题

问题三：组织协调问题。流程中的组织协调问题主要表现在各项目小组或者不同部门之间的工作无法协调，以致影响工作效率。

针对试运行过程中出现的以上问题，企业管理者与流程负责人要及时找出解决办法进行修正，主要包括以下几种（见图1-10）：

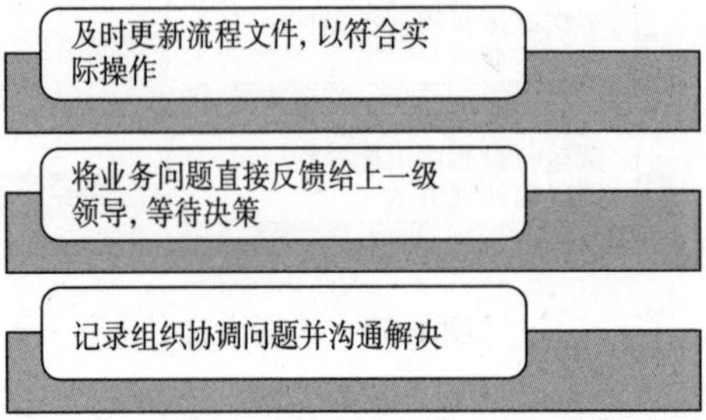

图1-10　修正试运行过程中出现问题的方法

当流程试运行结束之后，流程负责人和项目组成员必须对流程图进行优化和版本升级。对于流程中的主要活动，要有相关的模板支持。

确定最终工作流程

通过流程试运行，发现并修正流程中存在的问题之后，就可以确定出最终的工作流程。

为了保证流程的完善，在试运行之后，要撰写试运行总结报告，表明项目实际进度与计划的对比、试运行过程中流程本身存在的问题、试运行问题以及业务问题等，同时还要点明相应的问题分析和解决措施，以及试运行小组成员和项目经理针对试运行过程中出现的问题所提出的一些改善建议。

除了要撰写试运行总结报告外，还要总结和编写流程试运行过程中的成功经验或者失败教训，并将其细化到典型的具体实例当中，以供后期的工作使用。

在完成以上工作，并做好流程修正及相应的工作之后，就可以确定出实际的工作流程。接下来，企业的高层管理者应该选择一个正式的场合宣布所确定的工作流程，以确保在今后的实际工作中对于该工作流程的应用。

第二章
执行流程有步骤，一、二、三、四保效果

执行是衔接目标与结果的过程。想要流程发挥作用，关键在于落地执行。相当一部分企业由于执行混乱而影响了最终流程管理的效果。为了简化执行过程，提升执行效率，要尽量避免执行过程中的不确定因素，将需要完成的各项工作按照一定的逻辑顺序加以排序，并用一、二、三、四的形式明确操作内容。

1

给每个员工定岗定责定规范

流程执行的主体是员工，所以，在执行流程时，首先要做好员工分工。通过给员工定岗、定责、定规范，让员工了解自己的工作范围与工作职责，在实际的流程执行过程中，才能做到各司其职、分工明确。如果每个员工的工作范围与工作职责没有清晰的划分，在流程执行过程中，就会出现责任不明、工作范围不清的问题，进而使得流程无法得到真正的落地执行。

C公司是一家工业产品生产企业。一次，C公司中的库管人员在接受供应商的来料时发现，供应商送来的某种原料比采购单上的数量多出了15%。为此，库管人员要求供应商将多出的原料运走。但是，供应商却说来回的运输成本太高，并且这一原料是C公司生产所需要的常用原料，希望能够通融一下，留下多出的原料。库管人员认为自己无权处理，就将这一情况汇报给了采购经理。

采购经理认为这种原料是公司生产常用的原料，并且这种原料的价格在不断上涨，这次如果留下这批原料，会给公司节省一笔开支。除此之外，该供应商也是公司长期的合作伙伴。出于以上几点考虑，采购经理决定与财务经理商议能否留下多出的原料。

但是，财务经理却认为这样不符合公司的工作流程。为了保证公司账面的准确性，原料款的支付必须按照原料采购单进行。

为此，采购经理又将此事上报给了生产副总，但不巧的是，生产副总此时正因为一件突发事件忙得不可开交，因此，他只是告诉采购经理让其根据实际情况自行决定和处理就好。最终，采购经理决定留下这批原料。但是，当董事长知道这件事之后，却以没有按照规定流程工作为由，对采购经理、库管员以及财务经理进行了处罚，对生产副总也进行了批评。

C 公司的案例并不罕见，在实际工作中经常发生。从这一案例中可以看出，虽然员工都在按照工作流程请示上级领导，但是，由于工作权责不清，对于“是否能够留下多出的原料”这一问题，没有一个清晰的职责范围，即不论是采购经理，还是库管员，或者是财务经理，其工作职责都没有明确界定是否可以针对这种情况做出决策，以致虽然是按照工作流程请示上级领导，但是却没有一个人能够有明确的权力做出决策。这种权责不清的情况，会让流程执行沦为走过场，严重影响流程执行的效率。所以，在执行流程时，一定要明确分工，给员工定岗定责定规范。

科学设置岗位，细化工作规程

定岗，就是要确定每个员工的工作岗位，将合适的人放在合适的位置上。只有给员工定岗，员工才能明确自己的工作范围。所以，管理者要分析企业中的各个工作岗位的性质和具体要求，根据员工的特点，为每个工作岗位配备合适的工作人员，实现人、岗、事的合理搭配，真正做到人尽其才、才尽其用，确保各项工作高效运转。

在给员工定岗时，通常有以下 3 种方法。

方法一：以任务目标为依据进行岗位设置。这一定岗方法的主要依据为工作任务与工作目标。在确定岗位时，可以将工作目标与工作任务进行分解，将整体的工作目标与工作任务划分为小目标，并通过一定的工作岗位进行落实。通过这样的划分，每个工作岗位的具体工作范围与工作目标都非常清晰。之后，可以针对工作岗位的具体要求，为每个工作岗位配备合适的工作人员。通过这样的方式，可以实现员工的定岗，明确其工作范围。

方法二：以员工工作能力为依据进行岗位设置。在确定了具体的工作目标后，可以按照工作流程的特点，将工作目标分解至每一个工作岗位。通过将员工的工作能力与工作岗位要求相匹配，可以实现给员工定岗。通过这样的方式，能够将员工的能力与工作岗位要求最大限度地进行匹配，使员工能够有发挥自己特长的空间。

方法三：以工作团队为依据进行岗位设置。这一方法以客户的要求为中心，针对客户提出的具体要求，把企业内部相关的各个工作岗位集合成一个工作团队，从而实现给员工定岗的目标。

以工作岗位特点确定工作职责

定责，就是要确定每个员工的工作职责，即按照工作岗位的具体工作范围，确定每个岗位上的工作人员的具体职责。

在确定员工的工作职责时，可以员工的岗位说明书为依据，明确其岗位职责的具体内容。通过确定员工的岗位职责，能够使其更加明确其在工作中应该承担的责任，强化其责任感，保障各个方面的权益。

在确定员工具体的岗位职责时，可以从以下几方面入手（见图 2－1）：

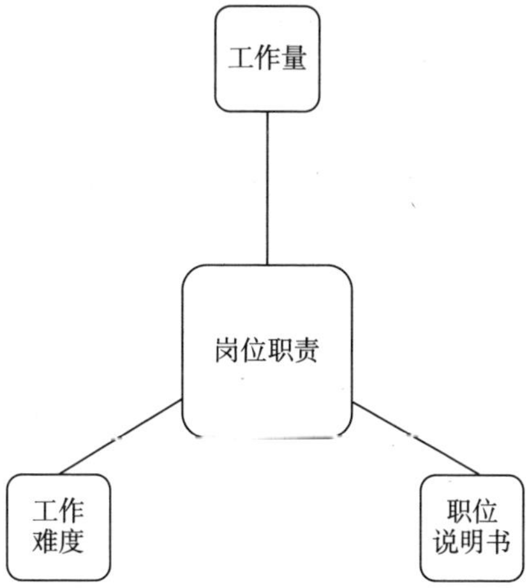

图 2－1 岗位职责的来源

确定工作标准，对工作提出明确要求

在确定了员工的工作岗位和工作职责后，就需要确定每一个工作岗位的具体工作标准，即员工的工作应该怎么做、做到什么程度等。如果只有工作岗位与工作职责，没有明确的工作标准，员工的工作效率就无法保证，流程执行落地效果也会大打折扣。所以，要确定每个员工的工作标准。

在确定工作标准时，可以从以下几个方面入手（见图2－2）：

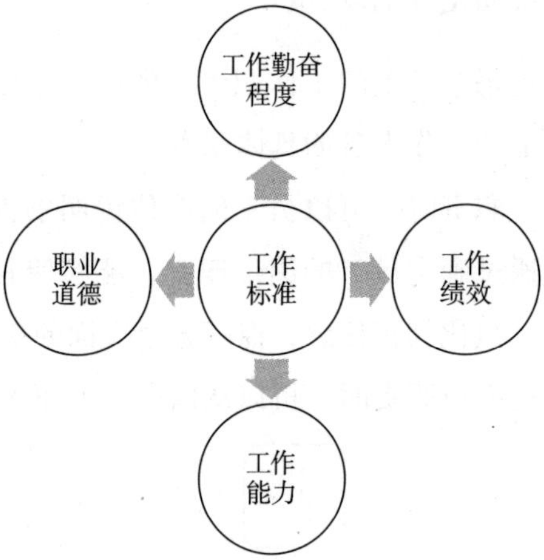

图2－2　确定工作标准的几个方面

2 用表单将工作变成一、二、三

在执行流程的过程中，如何让员工对流程形成一个整体的认知，并且将流程中的各个环节与实际工作行为相对应，是高效执行流程的重点。而将流程表单化，是解决这一问题的最好方法。

在执行流程的过程中，将工作流程制作成一张张简单明了的工作表单，用非常直观的图形和简洁的文字将流程中的关键节点以表单的形式表现出来。员工通过工作表单，可以对工作流程中的各个工作环节以及工作次序形成更加清晰的认识，从而在执行流程的过程中更加简单高效。

所谓流程表单，指的是企业在经营运作过程中按照预先设定的要求和规定的格式来记录或者备忘经营行为的文字或者数据的登录文件。通过在执行流程的过程中引入工作表单，可以规范执行流程的过程，通过合理制定各类报表、图表以及企业的 CI 规范等，可以让各项工作井然有序、高效协调。

华为是一家著名的通信科技公司，其之所以能够取得今天的成就，与其高超的管理方式是分不开的。在工作流程表单化方面，华为董事长任正非在《华为的冬天》中曾说："模板化是所有员工快速管理进步的法宝：一个新员工，看懂模板，会按模板来做，就已经国际化、职业化，以现在的文化程度，三个月就掌握了。而这个模板是前任摸索几十年才做出来的，你不必再去摸索。各流程管理部门、合理化管理部门，要善于引导各类已经优化的，且证实行之有效的工作模板化。清晰流程，重复运行的流程，工作一定要模板化。一项工作达到同样业绩，少用工，又少用时间，这才说明管理进步了。我们认为，抓住主要的模板建设，又使相关的模板流程连接起来，才会使 IT 成为现实。对于这个问题，我们要加强建设。”

任正非的这段话，充分表明了表单在流程执行中的重要性。而要将工作表单引入工作流程，管理者就要学会如何制定工作表单。通常，在设计流程表单时，要遵循以下几个步骤。

第一，严格按照表单要素制定流程表单。

流程表单的设计并不是随意的，而是有一定的模板和制式的。在设计流程表单时，要明确流程表单的要素，在具体设计时要保证表单要素齐全。通常，一个流程表单主要包括以下几个要素（见图 2－3）：

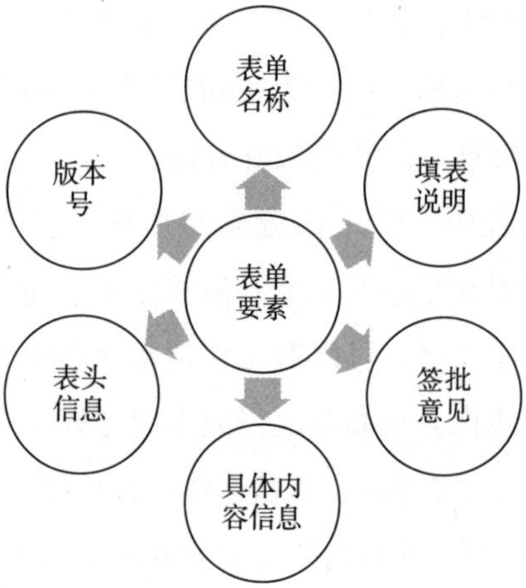

图 2－3　流程表单要素

在设计表单时，填表说明常常被忽略。通常，填表说明一般包括名词解释、流程简要说明、授权说明、特殊情况说明、重要信息填写指引以及相关标准说明等。

同时，在设计表单时，要尽可能在表单中体现出核心业务信息，保证员工能够通过表单了解到核心的工作信息。而一些额外的工作细节，则可以设置在表单的附件中。

第二，分层次设计流程表单。

设计表单的目的就是要清晰工作流程，让流程执行变得更加简单，所以，在设计表单时，要注意分清层次，这样才能让员工一目了然，简化其工作方式。

通常，根据信息的不同属性，可以将表单内容分为“申请信息”、“专业意见”、“签批意见”以及“特色情况”四大类，并用双线框区分。除此之外，还可以根据多个维度对表单进行分层设计，例如必填信息与选填信息、一般信息与特殊信息等。通过对不同表单进行分层次设计，能够让表单上的各项信息表达更加清晰明朗，也更加易于理解和操作。

第三，流程表单要受控且精简。

在执行流程时引入工作表单的目的就是为了提升流程执行的效率。所以，各个表单要进行统一管理和控制。很多企业在使用表单时，常常会根据临时工作需要涉及各类表单，导致存在很多部门导向的表单，这些表格之间很多都是重叠甚至是冲突的。所以，表单应该在企业管理与控制范围内，减少无效表单。

除此之外，还要尽量简化表单。一些企业认为表单越多流程执行得越好，因此设计了尽可能多的表单。但是这样最终非但没有提升流程执行效率，反而给工作造成了困扰。所以，在同一项工作中，要尽量简化表单。

简化表单并不只是数量的减少，还包括对于表单的整合与优化。例如，在一个切割工序中，员工需要填写的表单包括设备点检记录表、工艺点检记录表、设备运行记录表、交接班记录表、生产物流单、产品合格记录表等。而为了简化表单，则可以将一些功能相近的表单做相应的整合优化，通过组织设备职员、生产职员和工艺职员一起讨论决定将设备点检记录表和工艺点检记录表合并到设备运行记录表当中，取缔交接班记录表。这样一个工序由最初填写表单的18—20分钟，直接减少到了4—5分钟，而且这些流程表单并不是一起填写的，而是根据实际生产运行时间进行“实时”填写，从而大大提高了时间的利用率。

第四，充分考虑各个表单之间的逻辑关系。

每个表单都是为了提高执行流程的效率，简化工作过程，所以，各个表单之间必定存在工作内容上的逻辑关系。管理者在设计表单时，要充分考虑各个表单之间的逻辑关系，注意表单之间的信息整合，使各个表单能够为提高流程执行效率提供系统的帮助。

例如，在设计产品经营流程的相关表单时，需要设计年度经营计划表、季度经营计划表、月度经营计划表、各事业部经营计划表等。设计这些表格时，需要综合考虑各个表单之间的逻辑关系，从整体管理的角度出发，做到信息一次录入，全局使用，以确保基本信息框架的一致性，便于信息分析处理，方便不同工作人员使用。

综合以上设计流程表单的具体方式，以某家餐饮店为例，其工作流程执行表单如下（见表2－1）：

表2－1　某餐饮店工作流程执行表单

<table>
<tr><th colspan="2" rowspan="2">时间</th><th colspan="2">店长</th><th colspan="2">服务员</th><th colspan="2">收银员</th><th colspan="2">厨师</th></tr>
<tr><th colspan="2">执掌工作</th><th colspan="2">备注</th><th colspan="2">执掌工作</th><th colspan="2">备注</th></tr>
<tr><td rowspan="2">准备时段</td><td>9：00—10：00</td><td>接收并确认采购原物料</td><td></td><td>N/A</td><td></td><td>N/A</td><td></td><td>N/A</td><td></td></tr>
<tr><td>10：00—11：00</td><td>1. 人员工作排配
2. 运营消耗品点检</td><td>消耗品点检表</td><td>1. 店内卫生清洁
2. 店长交办事项</td><td></td><td>1. 店内卫生清洁
2. 店长交办事项</td><td></td><td>午餐前准备</td><td></td></tr>
<tr><td rowspan="3">午餐时段</td><td>11：00—12：00</td><td rowspan="3">午餐服务管理</td><td rowspan="3"></td><td rowspan="3">午餐服务</td><td rowspan="3"></td><td rowspan="3">1. 收银
2. 协助午餐服务</td><td rowspan="3"></td><td rowspan="3">午餐制作</td><td rowspan="3"></td></tr>
<tr><td>12：00—13：00</td></tr>
<tr><td>13：00—14：00</td></tr>
<tr><td rowspan="3">准备时段</td><td>14：00—15：00</td><td rowspan="3">1. 午餐账务结算
2. 人员工作排配</td><td rowspan="3">采购清单</td><td>1. 店内卫生清洁
2. 店长交办事项</td><td></td><td>1. 午餐账务结算
2. 店内卫生清洁</td><td></td><td rowspan="2">N/A</td><td rowspan="2"></td></tr>
<tr><td>15：00—16：00</td><td colspan="2" rowspan="2">N/A</td><td colspan="2" rowspan="2">N/A</td></tr>
<tr><td>16：00—17：00</td><td>晚餐前准备</td><td></td></tr>
</table>

续表

<table>
<tr><th colspan="2" rowspan="2">时间</th><th colspan="2">店长</th><th colspan="2">服务员</th><th colspan="2">收银员</th><th colspan="2">厨师</th></tr>
<tr><th colspan="2">执掌工作</th><th colspan="2">备注</th><th colspan="2">执掌工作</th><th colspan="2">备注</th></tr>
<tr><td rowspan="4">晚餐时段</td><td>17：00—18：00</td><td rowspan="4">晚餐服务管理</td><td rowspan="4"></td><td rowspan="6"></td><td rowspan="5">1. 收银
2. 协助晚餐服务</td><td rowspan="5">晚餐制作</td><td rowspan="6"></td><td rowspan="6"></td><td rowspan="6"></td></tr>
<tr><td>18：00—19：00</td></tr>
<tr><td>19：00—20：00</td></tr>
<tr><td>20：00—21：00</td></tr>
<tr><td rowspan="2"></td><td>21：00—22：00</td><td>原物料盘点/次日采购清单</td><td>晚餐服务</td></tr>
<tr><td>22：00—23：00</td><td>当日账务结算</td><td></td><td>当日账务结算</td><td>账务清单</td></tr>
</table>

3

量化操作流程，减少不确定因素

在工作中引入工作流程的一个重要目的就是要将工作变得简单。通过工作流程，可以明确各项工作的顺序，让各项工作变得更加明朗。但是，仅有工作流程是远远不够的。很多企业虽然制定有自己的工作流程，但是，每一个工作环节中具体工作方法的表达却过于泛化，导致员工无从下手，这就增加了工作过程中的不确定因素。

工作就像是做菜。当厨师按照菜谱做菜时，如果菜谱只是说明了做菜的主要流程，在具体的操作步骤上，只是说盐少许、味精若干、酱油酌情、醋适量，而没有量化，那么这会使厨师无法做出准确的判断，使得厨师在做菜时仍然存在非常多的不确定因素。所以，在执行工作流程的过程中，要将工作流程中的每个环节都做好量化，用具体的文字或者数字描述工作行为，减少不确定因素。这样，在统一工作结果的同时，还能最大限度地简化工作方式。

百事可乐在执行超市陈列商品的工作流程时，除了制定大致的工作流程，还将工作流程中的每个环节都进行了量化。为了预防断货，保证销售占有率，百事可乐在确定其百事产品的陈列时必须拥有大于或者至少等于销售率或市场占有率的陈列空间原则的基础上，精准量化百事可乐所控制的陈列空间中的产品比例，即百事：七喜：美年达＝5：2：3。百事可乐认为，只有5：2：3这样的摆放比例和颜色搭配才会最大限度地激发消费者的购买欲，如果改变陈列比例，百事可乐的产品销量则会出现明显下降。

这一陈列标准是百事可乐产品陈列的硬性标准。也正是因为百事可乐将工作流程中的工作内容做了精准的量化，才使得员工能够真正地将工作流程落到实处。即使是新员工，同样能够按照量化后的工作流程将工作做好。

从上述案例中可以看出量化操作流程对于准确执行流程的重要性。只有量化操作流程，才能让流程执行者准确理解流程操作步骤，规范工作行为，从而圆满完成工作任务。量化操作流程，主要表现在以下几个方面（见图2－4）：

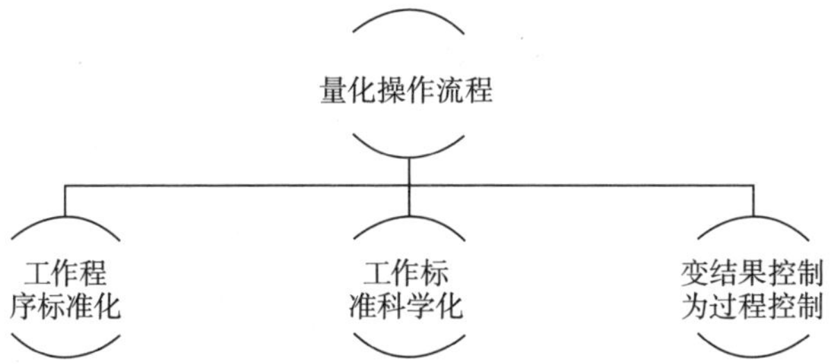

图2－4 量化操作流程

对于那些涉及面广、发生频率高，并且大量进行重复性劳动的工作，都可以利用工作方法程序化量化工作流程。将工作方法程序化主要有以下两种类型。

类型一：时序型。即以工作时间为依据，把一个工作日划分为若干个工作单元，并且将每个工作日的工作内容划分到各个工作单元。在按照时序型量化工作流程时，对每个工作单元的具体工作内容有具体的要求。一个工作单元通常为一小时，并且员工要以时间为序，完成每个工作单元的各项工作任务。在这一过程中，什么时间做什么工作、怎么做、做到什么程度、什么时间结束等等，都要有明确的规定。

类型二：工序型。即以工作进程为依据，以完成某项工作所需要的实际进程为序，根据工作步骤确定几个关键的控制点，从而划分工作阶段。并且，每阶段工作都要对操作内容、操作方法、质量标准做出明确规定，制定严格的验收程序，如果发现工作偏差，就要在进入下一阶段之前及时予以纠正。

编制程序，量化工作流程

在这一阶段中，需要根据具体的工作内容，确定并量化工作流程。

第一，科学确定工作内容。只有工作内容确定了，工作流程才会随之确定。所以，在量化工作流程的过程中，先要针对某一具体的工作目标，确定工作内容。

第二，合理制定工作标准。量化流程的核心就是对工作流程中的每个工作环节提出具体的操作标准，让工作人员能够更加明确操作方式与操作规范。在制定工作标准时，要从实际的工作需求出发，对每一项工作确定一个尽可能简单的量化标准，而工作人员只须按照该工作标准进行操作即可。

第三，运用“ABC”法则管理分类。在确定了工作内容与工作标准之后，还要将工作内容进行分类，找出“关键的少数”，确定“次要的多数”，从而科学合理地安排每个工作单元的工作内容。

第四，确定工作单元。根据不同的工作岗位，确定每一工作岗位在量化流程时的类型，即以“时序型”为主还是以“工序型”为主。在确定了类型之后，就要根据实际工作需求，确定合理的单元数量。

第五，将工作标准与工作单元对应。把已经确定了相应标准的工作内容编制到每个工作单元中去。

培训工作人员熟悉并执行工作流程

工作流程的执行者是工作人员，所以，想要工作流程被更好地执行，就要保证工作人员能够熟悉并按照工作流程操作。通过对工作人员进行一定的培训，使工作人员全面认识并学会执行量化后的工作流程，从而使工作流程得到高效执行。

执行并实施控制

在量化流程的过程中，针对每一个工作单元都制定了相应的工作标准，工作人员要严格按照流程与标准完成每个工作单元的工作。同时，管理者还应按照标准对工作完成情况进行控制，如对工作任务的数量、质量以及进度进行检查、评定、纠偏等。

调整并完善量化后的流程

一套完整的工作程序在执行一段时间后，管理人员和技术人员要按既定程序及时对程序本身的科学性进行分析，对存在的问题进行研究解决，以便及时对程序进行调整和修正。

在检查工作流程时，要对检查的具体内容做出明确规定，如查询哪几个点、哪几个部位，查到什么程度，标准必须尽可能细化、量化。这样既便于作业人员操作执行，又便于管理人员检查、考核。标准体系应该包括使用工具、操作方法、每项工作的标准、注意事项等。

4 通过树立标杆提升执行效能

俗话说，没有对比就没有伤害。这句话从一定程度上反映了对比在认清自我方面的重要性。如果没有对比，永远将目光停留在自己身上，即使不断审视，也很难发现不足。但是，如果能够与其他人对比，则很快便能发现自身的不足，并通过向优秀者学习来改进自己的不足，这就是标杆的力量。执行流程也是同样的道理，企业只有不断地将自己的流程与优秀企业的流程进行对比，才能发现自身的问题，并通过向优秀企业学习做出改进，以提升流程执行效能。

施乐公司是美国一家文案管理及技术处理公司，其在执行流程中所倡导的标杆管理，使其在执行流程的过程中，迅速的发现了自身流程中存在的不足，并做出了改进。也正是因为这样，才使得施乐公司的工作效率得到不断提升。

施乐公司所提倡的标杆管理，其核心围绕着业务流程标杆展开。施乐公司对其一系列流程中的方方面面都进行了检查，其中包括产品价格、服务质量、产品生产、产品营销以及产品配送。以在配送方面的标杆对比为例，施乐公司将其配送操作流程与包括德国杜塞尔多夫3M公司、德国科福特公司、圣斯伯里公司在英国赫特福德郡德地区的仓库、古堡沃尔沃零部件公司以及IBM公司在内的多家著名公司的配送操作流程进行了对比。通过对比，施乐公司发现了自身企业的配送操作流程与这些著名公司的操作流程存在一些重大的不同之处（见图2－5）：

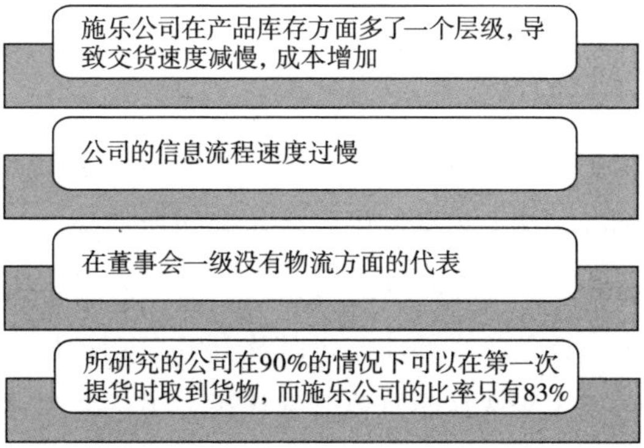

图 2－5　施乐公司发现自身存在的问题

在发现了自身存在的问题之后，施乐公司积极向这些优秀的企业学习，通过经常检查内部流程，并不断改进，其流程执行效率得到不断提升，其客户满意度也在四年的时间里提高了 40%。

从施乐公司的案例中我们可以看出标杆的重要性。通过与标杆对比，可以快速发现流程中存在的问题，并加以改进，从而提升流程执行效率。所以，企业在执行流程的过程中，要重视与同行业中的标杆流程进行对比，不断学习，以提升流程的执行效能。

明确向标杆流程学习的方向

在向标杆流程学习时，首先要明确标杆学习的方向。通常，所确定的向标杆流程学习的方向必须能够对企业的生产经营产生重大影响，即这一学习方向应该是企业的“关键成功因素”。

F 公司是一家位于上海的食品生产公司，其内部有一套固定的食品生产流程。但是，由于其生产效率太低，导致效益一天不如一天。为此，F 公司的管理者决定将行业内生产效率较高的企业的生产流程作为标杆来学习。其确定的学习方向就是改善生产流程，提升生产效率。

F 公司的管理者所确定的提升生产效率无疑就是 F 公司的“关键成功因素”。

在向流程标杆学习之前，企业首先要对自身现有的流程进行检讨，在众多关键因素中找出自身的弱项，最终确定学习方向。

选择合适的流程标杆

在学习的过程中，学习对象非常重要。在明确了学习方向之后，就要选择合适的流程标杆。在上述案例中，施乐公司所选择的学习对象是德国杜塞尔多夫 3M 公司、德国科福特公司、圣斯伯里公司在英国赫特福德郡德地区的仓库、古堡沃尔沃零部件公司以及 IBM 公司这样实力强劲、流程高效的企业。正是因为所选择的对象非常优秀，施乐公司才能在向标杆企业学习时，迅速、准确地发现自身企业流程中存在的不足，并找到正确的解决方法。

所以，企业在向标杆学习时，要找到一个适合自身企业学习的流程标杆，只有找对学习对象，之后的各项工作才有可能做对；如果最开始的学习对象就是错误的，那么之后所做的工作只能在错误的道路上越走越远。

在选择合适的流程标杆时，主要需要考虑以下两点（见图 2 –6）：

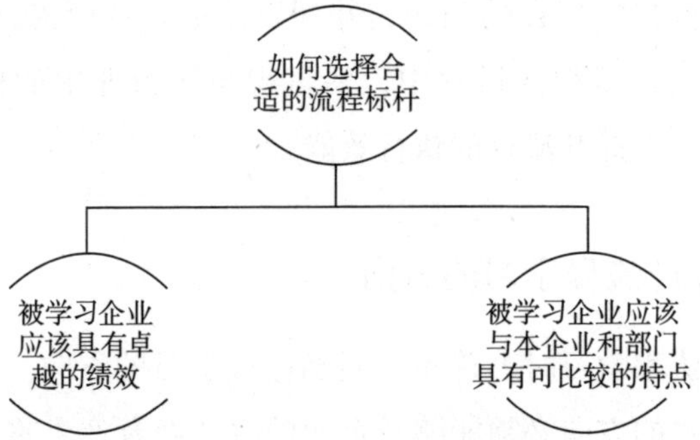

图 2 –6　如何选择合适的流程标杆

收集流程标杆的数据和资料

在向流程标杆学习的过程中，需要准确收集对方的相关数据和资料。因为在确定了流程标杆之后，针对流程标杆所做的一切分析都要建立在所收集的数据和资料的基础之上。如果收集的数据和资料不准确、不全面，那么流程分析的结果就不准确，即使之后根据分析结果调整了流程，也不会取得好的效果。所以，准确、全面地收集流程标杆的数据和资料，是在向流程标杆学习的过程中非常关键的一环。

在收集流程标杆的数据和资料时，应从以下两个方面入手（见图2－7）：

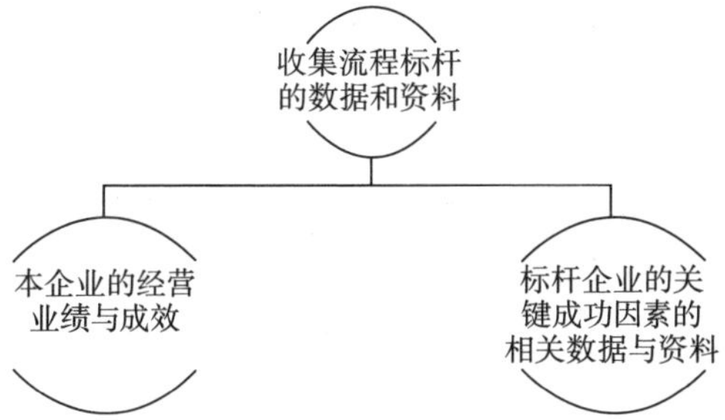

图2－7 收集流程标杆的数据和资料的两个方面

分析数据并制定改进措施

这是标杆学习最为关键的一步。在收集完标杆流程的资料后，针对收集到的资料，联系企业现有流程的实际情况，将其中展现出的数据做具体分析，总结企业现有流程与标杆流程之间存在的差距，然后针对企业的实际情况，制定出合适的改进措施应用于实际工作当中。

定期做评估反馈

标杆学习并不是进行一次就万事大吉。随着市场环境以及企业内部环境的变化，工作流程的适用性也会随之不断变化。如果仅改进一次，随着环境的变化，之前适用的流程也有可能变得不再适用。所以，企业要针对自身流程执行情况，定期做评估反馈，以保证流程的执行率。

5 任何工作都要有时间限制

工作流程的有效执行，有赖于各个环节工作的按时完成。只有各个环节的工作都能够在规定的时间内完成，才能推进下一阶段的工作。如果某一环节的工作没有按时完成，则会直接影响之后的工作进度。所以，在执行流程的过程中，保证各个环节的工作都能够按时完成是非常关键的问题。而为了保证各个环节的工作都能按时完成，就要给每个阶段的工作设置时间限制。

缺少时间限制就缺少紧张感

实际上，每个人都有拖延心理，即在从事一项工作时，总觉得自己准备不足，能拖就拖。这也是员工工作拖拉、工作效率下降的非常重要的原因。但是，如果在不能拖延的情况下，如不允许再继续准备或者规定了最后必须完成的时间，那么员工基本上都能按时完成任务。这种现象在心理学上被称为“最后通牒效应”。存在拖延心理的人会认为，把事情拖延到最后一刻，能够产生一种高压，在高压下他们的创造力才可以得到激发，进而可能产生更好的创意，把工作完成得更好。

著名的经济行为学家艾瑞里和韦坦布洛克曾经针对麻省理工学院的三组学生进行了一项有关拖延时间问题的研究，其研究结果非常具有启发性。

艾瑞里和韦坦布洛克将参加实验的学生共分为三组，规定每一组的学生都必须在 12 周内完成 3 项工作任务。其中，第一组学生每项任务的最后时限分别为第 4 周、第 8 周和第 12 周；第二组学生各项任务的完成期限没有限制，在课程结束时完成即可；第三组的学生则被要求自行设定最后期限。

最终，实验结果表明：第一组设定了时间分布均匀的最后期限的学生，以及第三组自行分开设定最后期限的学生，得分最高；第二组没有设置最后期限的学生得分明显低于第一组和第三组。

通过这一实验可以发现，“最后时限”可以在工作中施加一定的压力，使工作人员可以在一定程度上克服拖延心理，以确保工作完成时间。而如果工作中缺少“最后时限”，则往往会由于拖延心理拖慢工作进程。实际上，工作中有明确的时间限制，可以给员工一些紧张感，督促员工尽快完成工作，这也是时间限制的重要作用。

学会设定合适的“最后期限”

一定的时间限制能够帮助人们克服工作中的拖延心理，保证工作效率。在执行流程时，给每项工作设置“最后期限”，已成为保证流程执行效率的重要方式。而要想“最后期限”能够真正发挥作用，企业管理者就应该学会如何设定合适的“最后期限”。如果“最后期限”设置得不合理，不仅无法起到提升工作效率的作用，还会适得其反。

艾米是一家饮料生产企业的生产主管，在工作中，为了提升员工的工作效率，艾米为每项工作都设置了最后期限。通过设置最后期限，整体工作效率有了明显提升。但是，并不是每次设置最后期限都能提升工作效率。当最后期限设置不合理时，不仅没有提升工作效率，反而影响了工作质量。

例如，在一次生产 2000 件饮料的工作中，为了保证能够按时完成订单，艾米给负责这一生产任务的员工设置了最后期限。生产活动从当月 5 日开始，艾米设定的时间为当月 10 日，即生产时间只有 5 天。实际上，要在 5 天之内生产 2000 件饮料，几乎是不可能完成的任务。负责该生产任务的员工为了避免由于没能按时完成生产任务而遭受惩罚，便擅自减少了一套生产工序，致使最终生产出的产品质量非常差，完全不符合质量标准。这样不合理的最后期限，不仅没有提升工作效率，反而影响了工作质量，使艾米所在的企业蒙受了巨大的损失。

从上述案例中可以看出，设置“最后期限”很重要，但是，设置合理的“最后期限”则更加重要。为了保证所设置的“最后期限”科学合理，企业管理者应该注意以下几个问题：

第一，是否有其他急需优先完成的任务。在设置一项工作任务的“最后期限”时，如果有比该项工作任务更加紧急的任务，则应该首先完成急需完成的任务，并在“最后期限”中留出完成该项工作任务所需的时间。

第二，是否需要他人的协助才能完成该项任务。如果一项工作任务的完成需要他人的协助，如需要取得相关资料、获得他人许可等，则需要系统考虑获取他人的支持需要多长时间，并将该时间计入“最后期限”。

第三，是否已经告知所有相关人员完成任务所需的所有步骤。一项工作的完成通常需要多个工作人员的共同努力。在设置“最后期限”时，应该考虑是否已经告知所有相关人员完成任务所需的所有步骤，确保各个工作环节都能够按照既定的工作顺序进行，避免由于某一工作环节出现差错而影响整体的工作效率。

第四，以前设置的“最后期限”是否过于紧迫，自己从中吸取了什么教训。所设置的“最后期限”是否合适，需要在实际工作中检验。在设置“最后期限”时，可以参考以前在设置“最后期限”时所犯的错误，并避免同样的错误再次发生。

6 用沟通消除执行障碍

流程是表现为书面形式的文字，而执行流程则是要求员工将各个环节中的工作流程落实到实际工作中。要想工作流程中的各个环节能够有机结合，高效执行工作流程，最终取得理想的工作结果，除了要合理设置工作流程之外，很大程度上还要依赖于员工之间的相互配合。所以，为了消除流程执行过程中由于信息传达不准确而产生的障碍，就要加强各个方面的沟通。

小周是某家商贸公司的客服主管，一次，老板突然把小周叫进了办公室，非常生气地质问小周："一周前我就让你给上海的那个客户打电话，可是这个周末客户又找我，说他的事情还没有解决，你到底在干什么?"小周听完感到非常委屈，连忙向老板解释说："那天您跟我说完之后，我马上将这件工作布置给了客服小王，让他马上处理。"听完小周的解释，老板将客服小王找来询问情况，可小王却满脸疑惑地说："我一周要处理上百个客户的问题，你们说的到底是哪件事?"在这样的情况下，客服主管小周与客服小王都受到了处罚。

上述案例并不是个例，而是常常存在于实际工作中。虽然客服主管按照工作流程将工作安排给了客服小王，但是由于双方在执行的过程中缺乏沟通，最终影响了工作效果，引起了客户的不满。如果双方在执行流程的过程中，能够做到有效沟通，客服主管小周就能够通过沟通提醒客服小王抓紧时间解决该客户的问题，而客服小王也能够在主管的提醒下及时完成工作。

从这一案例中我们可以看出，沟通在执行流程过程中的重要性。只有加强沟通，才能保证流程能够更好地执行与落实。

掌握沟通的方法与技巧

在执行流程的过程中加入沟通，首先要明确沟通的目的是要让他人明白你所传递的内容，并自觉执行好你希望他做的事情。所以，要想通过沟通消除执行障碍，首先就要学会如何沟通。

要想取得良好的沟通效果，掌握正确的沟通方法非常重要。在执行流程的过程中，常用的沟通方式包括日报、周报、会议、即时通讯、邮件等，此外，还可以采用FACE TO FACE，又称为走动式办公。走动式办公的沟通方式，可以在第一时间掌握工作情况，及时跟踪工作进度，有利于工作的顺利开展。同时，在沟通的过程中，还要注意沟通的内容，可以采用数字、图文并茂的形式进行沟通，以便对方能够快速、准确地理解沟通内容，获取工作信息。除此之外，还要把握工作重点，避免由于无效沟通浪费工作时间。

在沟通的过程中，可以按照以下步骤进行（见图2－8）：

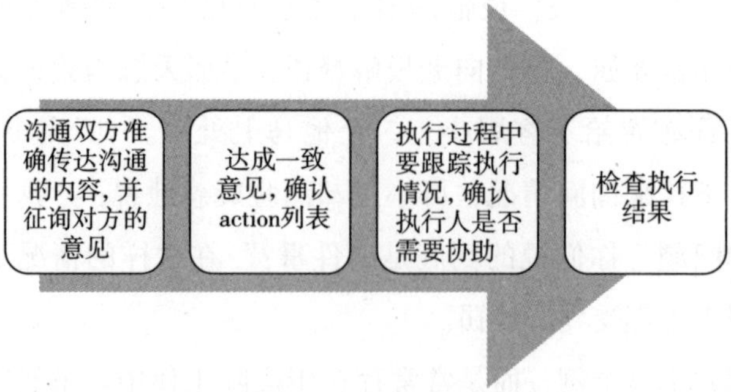

图2－8　沟通的步骤

在执行流程的过程中，要注意勤沟通，提升沟通频率。在沟通的过程中，尽量不要打断对方的谈话，不要匆忙下结论，也不要急于反驳对方。

要在充分了解对方的意图的基础上，合理表达自己的意见，从而实现双方信息的有效交换，保证可以消除信息盲点，减少流程执行中的障碍。

将沟通放在执行之前

为了能够通过沟通实现流程中各个环节的信息交流，清除执行障碍，就要在执行工作之前先沟通，即在各个环节与各个部门进行了充分的工作信息交流的基础上再执行工作。这样工作才会更加明朗和清晰，也才能够有效提升流程执行的效率。而如果将沟通放在执行之后，则失去了信息沟通在执行流程中的有效性，沟通的效果也会大打折扣。

A 公司是一家食品生产企业，为了提升工作效率，A 公司制定了一系列工作流程。但是，在实际执行流程的过程中，却出现了问题。虽然 A 公司非常重视执行流程中的沟通，但是，却将沟通放在了执行之后。每次各个部门之间进行信息沟通，都是在工作已经做完之后，从而导致很多信息滞后，影响了工作效果。例如，有一次，A 公司中的生产部门需要按照事先确定的工作计划，生产一批产品，而实际上，采购部门由于一些原因，导致无法按照规定的时间将原料采购回来。但是，在双方没有沟通的情况下，生产部没有充分了解情况，便开始进行生产前的准备工作，但是，当要进入实际生产阶段时，才得知生产原料没有采购完成。这样的情况给 A 公司造成了巨大的经济损失。

而 A 公司之所以会出现这样的情况，就是因为其将沟通放在了执行的后面。如果其能够将沟通放在执行之前，在做生产前的准备工作之间，采购部与生产部能够做好沟通，那么就可以避免这样的问题产生。所以，在执行流程中加入沟通，非常重要的一点就是要将沟通放在执行之间，先沟通，后执行。

将沟通的重点放在节点与关键点上

适当的沟通能够有效提升流程执行的效率，而无效沟通不但不能提升流程执行率，反而会影响工作进程。在这样的情况下，就要学会如何做到有效沟通。总体来说，要想做到有效沟通，就要将沟通的重点放在流程节点与关键点上。

每一个工作流程、每一项工作计划及工作指令，都有其关键时间节点，以及影响执行效果的关键绩效点，在执行流程时，要强化在这些节点与关键点上的沟通。例如，在一个时间节点来临时，管理者要向流程执行者强调重点，沟通进度，梳理问题，在关键点上沟通执行过程和问题，掌握工作进度，强调工作标准与工作要求。

通过重点沟通流程节点与关键点，能够有效增强沟通效果，保证流程执行效率。

第三章
把控流程分节点，人人有事做，事事有人管

所谓流程节点，是指一项工作需要分为不同阶段完成时，某一阶段结束、另一阶段开始时的转接点。节点是工作流程的精髓，每个节点由不同的人完成，每个人又分属不同的角色，花费不同的时间，从一个节点流向下一个节点。通过节点的这些属性，将每一个节点连接起来，就可以实现流程的流转以及控制。所以，把控流程，节点是关键。

1

从流程中找节点，在节点中找工作项

任何一项工作从制定计划到达成工作目标，中间都需要履行一定的工作程序。而这些必须履行的工作程序，就是完成该项工作的工作流程。在一个具体的工作流程中，依据工作进程，工作程序又分为不同的工作节点。企业管理者在把控流程节点时，首先需要从流程中找到流程节点，然后在工作节点中找出具体的工作项，对工作项实施把控。

从工作流程中寻找工作节点

企业管理者要想通过控制流程节点实现对工作流程的把控，首先应该准确找到工作流程中的各个节点。流程节点也被称为流程环节和步骤等，只有找出各个流程节点，才能有针对性地制定节点控制计划。

实际上，在一个完整的工作流程中，通常包含若干个子任务，而每一个子任务，就是一个流程节点。企业管理者在寻找工作流程中的节点时，可以将整体工作流程进行拆分，找出其中各个具体的子任务。找出工作流程中的子任务，就找到了流程节点。在具体的流程把控工作中，只须控制好每个子任务的任务进程，即可实现对流程节点的控制。

约翰是一家广告公司的行政部经理，负责行政部的全部工作。为了保证工作效果与工作质量，约翰针对行政部的各项工作，制定了一系列的工作流程。在实际工作中，相关的工作人员要严格按照工作流程操作。而为了提升流程执行效率，身为行政部经理的约翰，决定对流程执行过程进行把控。

在执行过程中，约翰主要通过控制工作节点实现对工作流程的把控。以发布通告这一工作为例，约翰在控制发布通告的工作流程时，首先分析流程中的各个子任务，以找出流程节点。然后通过分析，约翰认为，一份通告要发布，从开始起草到最后发布，是一个完整的工作流程，同时也是一个过程。在这一过程中，又可以分为起草、部门领导审稿、领导审稿、定稿、成文、发布几个子任务。将这些子任务全部完成，就可以完成发布通告这一工作任务。所以，起草、部门领导审稿、领导审稿、定稿、成文、发布这几个子任务就是发布通告流程中的几个节点。只要控制好上述这几个节点，就能做好发布通告这一工作。

企业管理者在从工作流程中寻找工作节点时，可以按照以下几个步骤（见图3－1），对工作流程进行分析，准确找出该工作流程中所包含的各个节点。

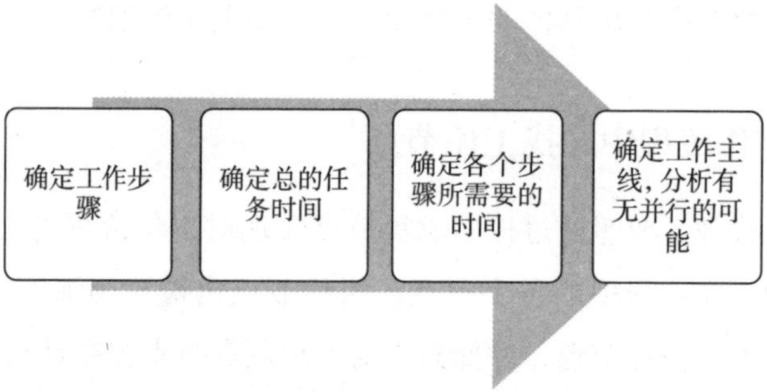

图3－1 从工作流程中寻找工作节点的步骤

从工作节点中寻找工作项

企业管理者要想通过流程节点实现对工作流程的把控，实际上是要通过控制每一个流程节点中的具体工作实现的。所以，企业管理者在找出各个流程节点后，还要寻找每一个流程节点下具体的工作项。

所谓工作项，指的是流程节点中独立、具体的工作任务，也被称为工作要点或者工作要素，工作项可以通过拆分工作节点来寻找。

以上述广告公司为例，行政部经理约翰在发布通告时，要经历起草、部门领导审稿、领导审稿、定稿、成文、发布几个节点。而约翰要想真正实现对工作过程的控制，就要找出每个节点中的具体工作项。

以“成文”这一工作节点为例，在成文时，需要完成稿件套红工作。而稿件套红就是需要工作人员实际操作的工作，也就是具体的工作任务，即“成文”这一工作节点中的具体工作项；而在稿件套红时，又需要做好表头处理和表底处理等工作，而这些即是这一工作中的具体工作项。通过这样的方式，把控每个流程节点，就能实现对整体工作流程的把控。

控制节点就是做好工作项

节点代表了一项工作完成过程中的各个工作环节，而工作项则是每个工作环节中的具体工作。所以，控制节点，实际上就是控制各工作环节中的具体工作，即做好各个工作项。

任何工作都需要通过控制工作过程实现对工作结果的控制，而做好每个流程节点下的工作项，对于流程节点的控制至关重要。企业管理者在控制流程节点时，要重点分析每个工作节点下的具体工作项，进而实现对工作节点的控制。

2 对每个进程的节点进行科学把控

任何一项工作，都需要若干不同程序或若干阶段完成。而在某一程序或者某一阶段完成后，另一程序或者阶段开始前，中间都会经历一个转折点，这一转折点就是流程节点。而一项工作的有序完成，有赖于各个工作程序或者阶段的紧密联系。所以，企业管理者只要对每个进程的节点进行科学把控，就可以做好各个工作程序或者工作阶段之间的衔接，保证工作有序展开。

找出流程节点相应的节点动作

节点动作，指的是一个流程中节点的责任人可以执行的操作，包括责任人在这个节点需要完成的流程规定的任务、工作事项以及为了完成节点任务可以进行的影响流程流转顺序的操作等。企业管理者要想对工作进程的节点进行科学把控，就要找出与流程节点相应的节点动作。

以供应商管理流程为例，供应商管理流程需要经历多个工作节点，只有将其中每个节点进行科学把控，才能做好供应商管理工作。在供应商管理流程中，其中一个节点是“制定供应商管理制度”，在把控工作进程时，就要找出这一节点相应的节点动作。

通过实际工作调查可以发现，“制定供应商管理制度”这一节点的责任人应为供应商主管，而这一节点主要的工作就是根据采购经理制定的采购计划，制定供应商管理制度，并明确相关的工作事项。“制定供应商管理制度”完成之后，则进入“供应商调查”这一工作节点。而相关责任人、具体的工作说明，以及进入下一个节点“供应商调查”等，就是“制定供应商管理制度”这一节点的节点动作。

企业管理者在控制节点时，首先要找出其相应的节点动作，然后再进行相应控制并做出调整。

科学设立控制点，规定各环节工作内容

企业管理者在找出各个相应的节点动作后，为了实现对节点的科学控制，就要科学设立控制点，规定各环节的工作内容、职责权限及相应的完成标准等。将各个节点中的具体工作内容完善之后，就能保证每个节点最终的工作质量。

同样以供应商管理流程为例，要想实现对供应商流程的把控，就要对供应商管理流程中每个节点的具体工作进行完善，通过规定各环节的工作内容，实现对工作节点的控制。通常，供应商管理流程中共包括以下几个节点（见图3－2）：

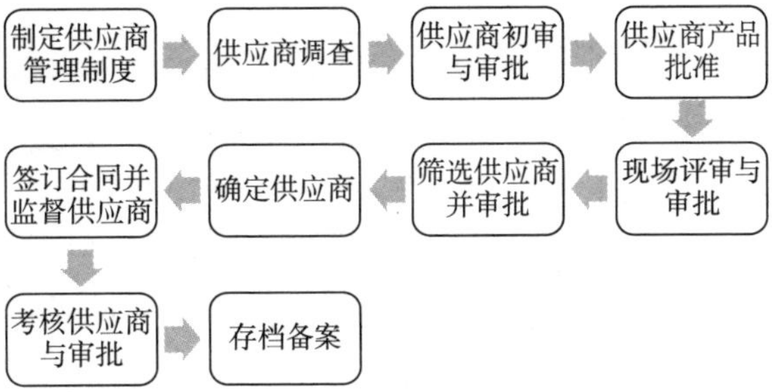

图3－2　供应商管理流程

为了控制好供应商管理流程，就要对工作流程中各个节点的工作内容进行完善。设置后的工作环节内容说明如下（见表3－1）：

表3－1 供应商管理流程的各个环节与工作内容

流程节点	相关责任人	工作内容说明
制定供应商管理制度	供应商主管	根据采购经理制定的采购计划，制定供应商管理制度，并明确相关的工作事项
供应商调查	供应商主管	选择合适的途径，收集供应商信息，通过市场调查，了解供方产品质量、企业信息、售后服务等详细情况，并初步确定质量良好、价格合理的供应商作为候选方，并填好《调查记录表》
供应商初审与审批	采购经理、总经理	采购经理组织相关人员按照《供应商初审流程》开展供应商初审工作，并将初审结果报总经理审批。总经理对初审结果进行审批，并签署意见
供应商产品批准	采购经理	拿到供应商提供的样品后，组织相关人员按照《供应商产品批准流程》开展供应商的产品批准工作，必要时将结果报总经理审批
现场评审与审批	采购经理、总经理	采购经理组织相关人员按照《供应商现场评审流程》开展供应商的现场评审工作，并将其结果报总经理审批。总经理对该工作做出具体批示
筛选供应商并审批	采购经理、总经理	采购经理针对多个供应商进行筛选，选出合格的供应商。总经理做出具体批示
确定供应商	采购经理	通过对供应商的筛选，总结筛选结果，制定《合格供应商名单》，并确定最终合作供应商
签订合同并监督供应商	采购经理、供应商主管	选定最终合作供应商后，采购经理根据采购商品要求、供应商情况、企业自身管理要求、采购制度以及方针等拟定《采购合同》，并与供应商签订正式《采购合同》。供应商主管定期与相关部门及人员对供应商进行监督管理，并对过程中出现的问题及时进行沟通与协调
考核供应商与审批	供应商主管、采购经理、总经理	相关部门将供应商的各项情况反馈给供应商主管，供应商主管定期或者不定期地对合作供应商进行考评评级，并将其结果报企业相关领导审核或审批采购经理审核考核情况，形成供应商考核报告，上报总经理审批，总经理做出具体批示
存档备案	供应商主管	安排相关人员及时整理供应商资料，并将供应商的最新资料录入供应商信息管理系统

通过规定各个环节的工作内容，可以保证各个环节的工作按照规范进行，以实现对每个流程节点的科学把控。企业管理者在把控流程节点时，应该明确各个环节的具体工作内容，并对工作内容进行把控，以实现对工作流程的控制。

3

寻找并控制流程关键节点

所谓关键节点，指的是在工作流程中，能够对整体工作走向产生关键影响的节点。关键流程节点能够对工作流程的运作起到决定性的作用，如果缺少关键节点，或者对关键节点的认识不足，则会影响整体的工作效率。所以，在把控流程节点时，寻找并控制流程关键节点至关重要。

认识并寻找关键节点

通常，关键节点具有一些明显的特性，企业管理者在认识关键节点时，只有熟悉关键节点的特性，才能在众多工作节点中准确找出关键节点。

通常，关键节点的特性包括以下几点（见图3－3）：

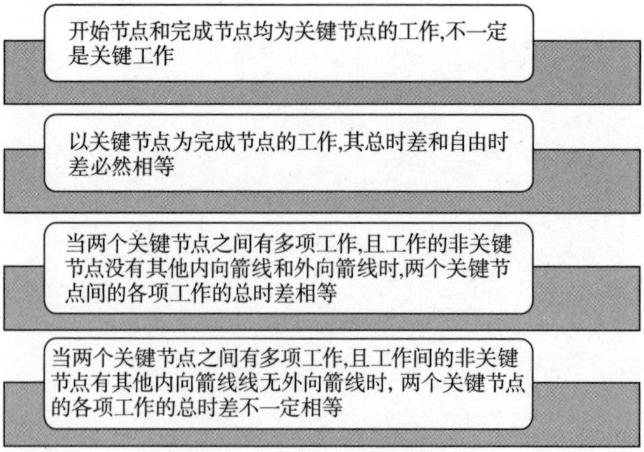

图3－3　关键节点的特性

企业管理者在寻找关键节点时，要时刻把握住关键节点的特性，以保证能够准确识别关键节点。

企业流程的基本要素总的来说有4个：活动、活动的逻辑关系、活动的实现方式和活动的承担者。这4个基本要素在不同的企业流程中，其地位是不一样的，但其中至少有一个是关键因素。

企业管理者在寻找关键节点时，首先，要找出工作流程中存在的4个基本要素，并准确判断其中的哪一项是关键要素。其次，在识别流程关键节点时，主要看当这一工作节点出现变化时，是否会对工作流程的运行产生深远的影响，即该工作节点能否对满足客户的需求、提升企业绩效产生明显的影响，如果是，那么这一工作节点就是该工作流程中的关键节点。这也是判断一个工作节点是否为关键节点的根本标准。

以员工招聘流程为例，通常员工招聘流程如下（见图3-4）：

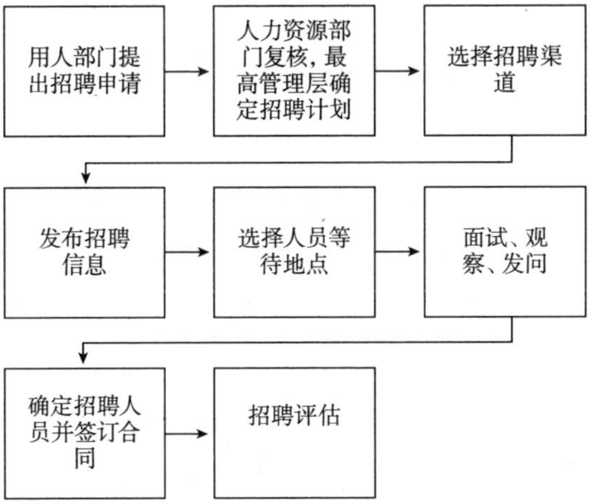

图3-4 员工招聘流程

在以上的员工招聘流程中，用人部门提出招聘申请，人力资源部门复核，最高管理层确定招聘计划，选择招聘渠道，发布招聘信息，选择人员等待地点，面试、观察与发问，确定招聘人员并签订合同以及招聘评估等都是员工招聘流程中的工作节点，但并不是每一个工作节点都是关键节点。

例如，发布招聘信息就是员工招聘工作流程中的关键节点。如果招聘信息发布不准确，即使招聘信息撰写得非常全面，但是并没有很多人看到，就会导致一些有求职意向的人员无法得知招聘信息，从而错过招聘，而企业也会错失一些合适的人才。一旦出现这样的情况，就会对招聘工作的效率和效果产生负面的影响。而如果招聘信息发布得及时、准确，则招聘到合适员工的机会就会大大增加。所以，发布招聘信息是员工招聘工作流程中的关键节点。

而招聘评估这一工作环节，是对整个招聘工作的总体评估。招聘评估工作的效果，对于员工招聘工作效果的影响并不大，所以，招聘评估这一工作节点并不是员工招聘工作流程中的关键节点。

企业管理者在寻找关键节点时，要遵循以上判断关键节点的标准，保证能够准确地找到流程中的关键节点。

控制关键流程节点是流程管理的重中之重

流程关键节点对于流程的走向以及流程执行的结果具有重大影响。所以，为了保证流程执行的效果，企业管理者在寻找到关键流程节点之后，还要学会如何控制关键流程节点。控制好关键流程节点，就能够控制整个流程的大致走向，保证最终的工作效果良好。

以上述员工招聘流程为例，其中发布招聘信息这一节点是整个员工招聘流程的关键节点之一，而执行员工招聘流程的最终目的是招聘到符合企业需求的员工。所以，对发布招聘信息这一关键流程节点进行控制，可以对企业招聘到符合需求的员工起到推动作用。

在对外发布招聘信息这一关键节点中，为了保证招聘信息的发布实效以及准确性，就要对招聘信息的发布时间和发布渠道进行控制。在发布时间方面，要及时发布，在最短的时间内将招聘信息发布出去；在招聘渠道方面，要根据企业的招聘需求，以及招聘渠道的正规程度，选择一个或者多个合适的招聘渠道。只有同时对发布时间和发布渠道两个方面进行控制，才能保证发布招聘信息这一工作的工作质量。而通过控制发布招聘信息这一关键流程节点，就能够进一步保障员工招聘这一工作的最终效果。

同样，“面试、观察、发问”也是员工招聘流程中的一个关键流程节点，对于最终的员工招聘质量具有直接影响。通过面试、观察与发问，可以了解应聘人员的大致情况，以判断其是否符合企业要求。在控制这一关键流程节点时，一方面要选择负责面试的人员，另一方面还要事先准备好面试时的题目。只有做好了这两个方面的工作，才能从容面对面试这一关键流程环节，进而提升面试质量，选出符合企业需要的人才。

从以上的案例中可以看出，企业管理者只有控制好关键流程节点，才能把控整个工作流程的走向，保证最终的流程执行效果。

4 节点识别、分析与确认

在把控工作节点时，应该对流程中的各个节点进行确认。只有明确了各个节点的内容，才可以建立完整的节点管理体系。而要想对流程节点实现准确的识别、分析和确认，就要明确流程节点的主要分类，并在实际工作中找出各类节点。

明确节点分类，为节点识别做准备

要想准确识别工作节点，首先，就要明确工作节点的分类；其次，可以针对不同类别的节点进行识别、分析和确认工作，以寻找出工作流程中的全部节点。通常，工作节点主要分为以下 3 种。

第一，成本节点。指的是工作业务中产生费用的环节。通过寻找成本节点，可以分析各项工作业务中产生的实际费用，并评估工作业务的实际需求，构建成本节点数据库，编制成本节点预算，制定出相应的成本节点控制措施，最终有效降低企业的运营成本。

第二，工作节点。指的是一项或者若干项工作中每个步骤之间间隔的时间。通过识别工作节点，可以将各个业务流程中的关键环节进行层层分解，并根据工作特点在不同的部门和人员之间进行合理授权，以及制定考核指标，从而有效提升整体工作效率。

第三，风险节点。指的是业务链上可能存在的风险。通过对风险节点进行管理，可以准确判断工作内外部的风险因素，从风险发生的概率和对工作目标的影响程度两方面对潜在风险进行评估和排序，从而制定风险应对计划，以有效监控和防范风险。

企业管理者在识别流程节点之前，要对上述节点的分类进行深入认识和了解，以保证在识别流程节点的过程中，能够根据节点种类，准确、全面地识别流程节点。

梳理工作流程，识别流程节点

识别流程节点是确认流程节点的第一步，只有准确识别流程节点，才有可能做好之后的节点分析与确认工作。而由于工作节点是从工作流程中产生的，并且不同种类的工作所存在的节点不同，所以，在识别流程节点时，首先要梳理工作流程，主要包括以下几个步骤。

第一，按照不同的工作性质对工作进行分类。通常，一个企业中包括多种性质的工作，由于工作性质不同，其中所涉及的节点也明显不同。要识别流程节点，首先要明确不同性质的各项工作；其次根据企业正常运营梳理出所需工作类型。下面是大多数企业主要包括的几种工作类型（见图3－5）。

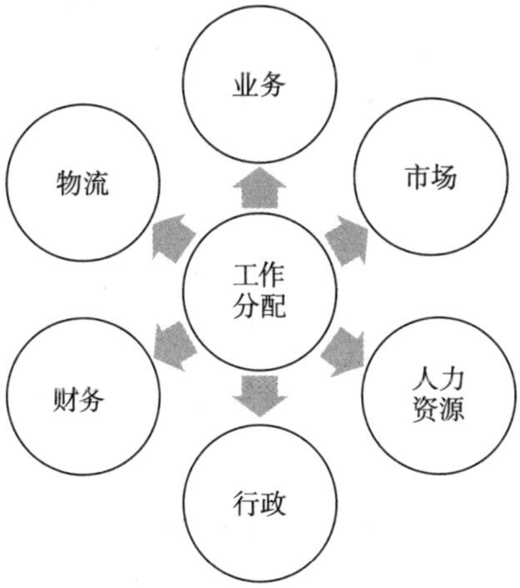

图3－5 不同性质的工作分类

第二，梳理重要业务流程。按照工作性质的不同对工作进行分类之后，就要针对不同类型的工作，梳理其中重要的业务流程，然后找出流程节点。在梳理业务流程时，可以参考以下几点。

首先，明确流程梳理目标。在梳理业务流程之前，应该明确为什么要梳理业务流程。通过明确业务流程梳理目标，可以知道在梳理过程中具体应该朝着哪个方向走，从而保证梳理过程中不出现偏差。

其次，组建业务流程梳理小组。业务流程梳理工作需要有专门的工作人员负责。所以，企业管理者在梳理业务流程时，要设置专门的业务流程梳理小组。通常，小组成员由企业内部各方面的工作人员组成，以保证梳理结果的全面性与客观性。在业务流程小组成员实施梳理工作之前，企业要对其进行专门的培训，以保证后续工作的顺利开展。

再次，访问相关人员。为了充分了解业务流程的相关信息，业务流程梳理小组在进行梳理工作时，要对相关的工作人员做详细的访问，以获取更多的工作信息，全面了解工作情况，并获得一些宝贵的工作意见。

最后，确定流程。做好准备工作，落实所有的工作细节之后，就可以对业务流程进行梳理，并最终确定工作流程。在确定工作流程时，需要注意的一点是，要对工作流程中潜在的风险做出一定的设想和预测。任何一个业务流程都存在一定的风险，在梳理业务流程的过程中，这一点是必须要考虑的。所以风险设想是非常重要的，而且在风险设想这部分一定要小心谨慎。

第三，分解业务流程，识别关键节点。工作节点存在于工作流程当中，当梳理清楚工作流程之后，就可以将整体业务流程进行分解，以识别其中的关键节点。在这一过程中，企业管理者需要分析整体业务流程，并将其分为若干工作环节，随后再细化为工作节点。

分析工作效率影响因素，以确定是否为工作节点

企业管理者在梳理业务流程的过程中完成了工作节点的初步寻找与识别之后，就要进行下一步的工作，即工作节点的分析，以确定所寻找的节点是否为准确的工作节点。

企业管理者在分析工作节点时，同样需要根据节点的不同种类来进行分类分析。不同种类的节点在分析时的侧重点也明显不同。企业管理者只有了解每一种工作节点的具体分析方法，才能做好工作节点的分析，以准确找出工作节点。

在分析成本节点时，应该重点分析在该工作环节可能产生的各种费用，其中包括以下几类（见图3－6）：

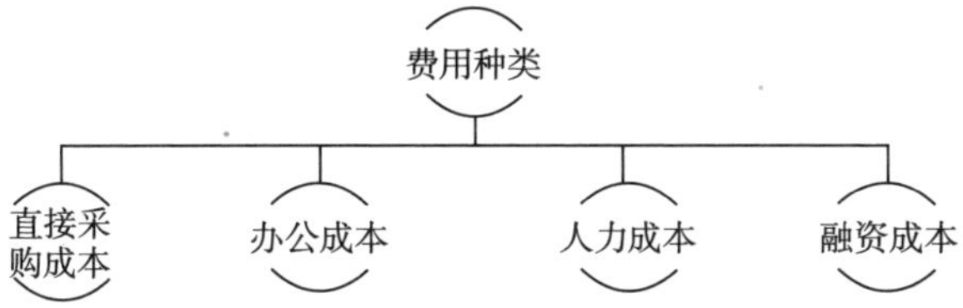

图3－6 费用种类

通过分析工作环节中产生的成本，及其对所在业务流程的影响程度，进而判断该节点是否为成本节点；在分析工作节点时，应该重点分析各项工作流程中影响效率的因素，例如对该流程中时间进度的影响等，以判断该节点是否为工作节点；而对于风险节点的判断，则应该侧重于该环节的风险属性，其中包括以下几点（见图3－7）：

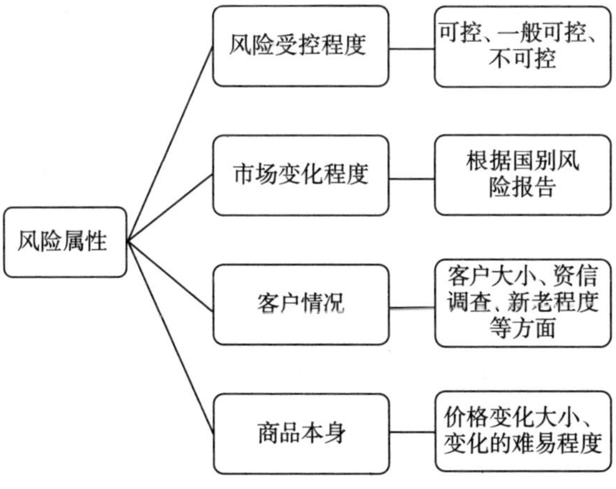

图3－7 风险属性

确认节点并整理成节点体系

当确认了流程中的各种节点之后，为了保证工作节点能够在流程管理中发挥出应有的作用，企业管理者要将工作节点整理成工作节点体系，其中包括公司级节点、部门级节点、员工级节点等，以使工作流程节点清晰、全面，为做好流程管理发挥重要作用。

5

去除无效节点，增加必要节点

企业管理者要想实现通过流程节点对工作流程的把控，首先要保证所划分的流程节点是合理的。如果流程节点设置不合理，则在控制流程节点中所做的任何工作都是没有意义的。所以，企业管理者要做好流程节点的优化设置工作，先增加流程节点的合理性，再通过节点实现对流程的把控。

去除无效节点，减少时间损耗

通常，一个完整的工作流程中包含多个流程节点，这些节点决定工作流程的走向，同时，也正是因为各个节点的紧密连接才使得整个工作流程得以顺畅运转。如果提升每个流程节点的工作效率，那么整体的流程效率就会有明显提升。然而，如果工作流程中存在无效节点，那么就会在无效节点浪费工作时间，所做的工作就会变成无用功。所以，企业管理者要学会去除无效节点，减少时间损耗。

A 公司是一家建筑公司，A 公司的管理者为了更好地对工作流程进行把控，在控制流程节点之前，对整个工作流程进行了梳理。通过找出流程中的无效节点提升节点的合理性。以公司的工程承包合同审批流程为例，该工程承包合同审批流程中的一个节点内容为“经过综合办、工会主席签字”。但是，实际上这一工作节点不但对最终的工作结果无法产生实际意义，还会在签字的过程中浪费大量时间。也正是因为这一无效节点的存在，导致该公司的工程承包合同审批流程效率低下。

在这样的情况下，即使对流程节点进行把控，花费大量精力做好“经过综合办、工会主席签字”，也不会对工程承包合同审批流程效率的提升起到任何意义，反而会增加人力、物力及时间投入。这一节点就是该流程中的无效节点。

所以，该公司的管理者决定去除这一无效节点，之后就不必再花时间在这一节点上，工程承包合同审批流程的效率也因此得到了明显的提升。

企业管理者在把控自身企业的管理流程时，也应检查工作流程中是否存在无效节点，如果有，要及时去除，再开展流程的把控工作。而企业管理者要想去除无效节点，就应该学会准确识别无效节点。通常，无效节点具有以下特征（见图3－8）：

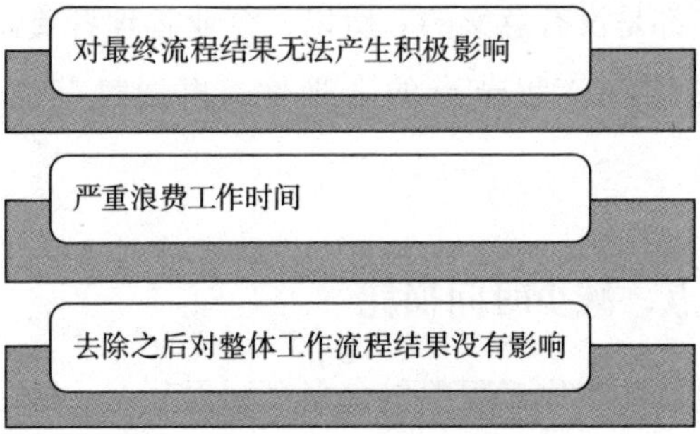

图3－8　无效节点的特征

增加必要节点，提升结果的合理性

在工作流程中，除了可能存在无效节点，还有可能存在缺少必要节点的情况。如果工作流程中缺少必要节点，最终的流程执行效果就会大打折扣，即使对各个流程节点进行合理控制，也无法提升流程执行效率。所以，企业管理者在控制流程节点时，除了要去除工作流程中的无效节点，还要对整体流程进行梳理，查找是否存在缺少必要节点的情况。如果有，就要及时进行补充。

张丽是一家外贸公司的财务部经理，为了做好对财务部工作流程的把控，她对现有的财务部工作流程进行了全面梳理，以找出流程节点方面存在的问题。在梳理工作流程时，张丽发现，因为缺少了一些必要节点，一些工作受到了消极影响。

以财务支出为例，张丽通过梳理发现，财务支出流程中，缺少资金支取人签字这一工作节点，只需要提交申请即可支取资金。这样的工作流程，一旦资金情况出现问题，则无法凭借单据找到具体的资金支取人，也无法了解实际的资金支取金额。所以，“资金支取人签字”是财务支出流程中的一个必要节点。

针对这样的情况，张丽对现有的工作流程进行了一定的调整，增加了“资金支取人签字”这一必要节点，使得财务支出这一工作的风险性明显降低，保证了工作结果。

由此可见，当对工作流程增加必要节点之后，不仅增加了工作流程的合理性，还可以开展对工作节点的把控工作。而通过把控工作节点，能够使工作结果更加合理、准确。

企业管理者要想准确判断并增加工作流程中的必要节点，就要了解必要节点的特性（见图3－9）。

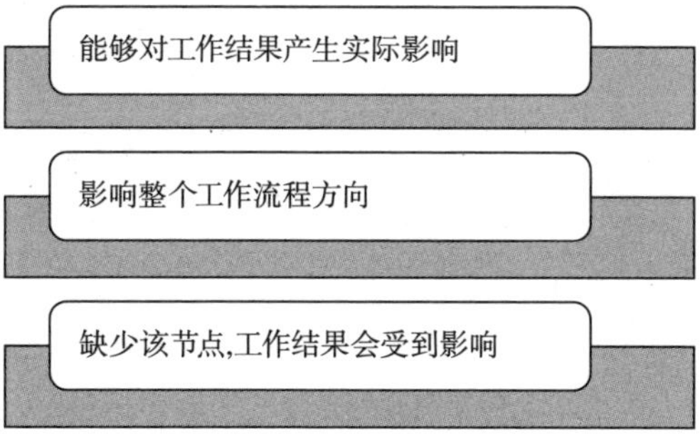

图3－9 必要节点的特性

合并相似节点，简化工作流程

工作节点方面可能出现的问题，除了包含无效节点和缺少必要节点，还有可能存在两个或者多个节点功能相似的情况。工作流程中如果存在两个甚至多个相似的节点，会严重浪费工作时间以及人力、物力。在这样的情况下，为了简化工作流程、缩短工作时间，就可以将功能相似的节点进行合并处理，以减少工作环节的重复。

例如，当签字盖章时，如果同时存在两个签字环节，并且它们所达到的效果基本相同，则可以将其合并，只签一个或者同时签两个。这样就可以大大节省工作时间，提高工作效率。

企业管理者通过合并相似的节点，保证工作流程的合理性，实现对工作节点的把控。

上篇

流程要简化

第四章

检查流程找关键，消除流程瓶颈

说起流程检查，好似躲猫猫，检查者步步紧逼，被检查者躲躲藏藏。事实上，流程检查并不是简单的“你做我查”，流程检查只是手段，确保流程执行符合要求才是最终目的。通过流程检查，就是要暴露问题并找出原因，以实现流程优化与强化的目的。

1

流程检查是提升执行力的关键

流程检查，顾名思义，是对现有工作流程的查验。通过检查流程，可以发现工作流程中存在的问题，并及时进行修正，以确保流程执行的效果。流程检查是提升执行力的关键。企业管理者应该了解并掌握流程检查的基本内容，并在流程管理过程中做好流程检查。

明确流程检查的主体

不同的流程检查有不同的检查主体，其侧重点也有明显不同。企业管理者在进行流程检查时，要综合利用不同的流程检查主体，以确保流程检查的结果。

第一种，流程管理专职人员的专项检查。这类检查主要指的是流程管理部门发起的专项检查，其可以是定期的，也可以是不定期的。在进行流程专项检查时，首先，企业需要组成一个专项检查小组，小组成员主要包括相关流程管理部门人员、流程责任人以及其他具备流程检查能力的人员。其次，制定检查计划，确定检查范围、检查重点，并对相关的时间进度做出合理安排。再次，实施检查计划，对工作流程进行全面检查。最后，根据检查结果，形成流程检查报告。在检查报告中，应该显示检查过程中发现的问题，并找到相关的负责人进行修正。

第二种，流程责任人的自查。主要有两种方式：一是流程责任人组织专门的检查，二是流程责任人在实际工作中进行的随时检查。通常，后者应用更加广泛。流程责任人可以在实际执行流程的过程中，通过观察、总结，发现现有工作流程中存在的问题，对不符合要求的情况，要及时予以指出并监督纠正。流程责任人的自查应该常态化，保证能够通过自查及时发现流程中存在的问题。

流程责任人的自查并不需要制定严格的检查计划，但是，为了保证流程检查工作的有序性，应该定期向上级报告流程检查的结果。

第三种，流程上下游之间的互查。与流程管理专职人员的专项检查和流程责任人的自查相比，流程上下游之间的互查更加具有针对性。流程下游的执行人员能够清楚地确认上游所传递的信息是否符合要求，从而及时将不符合要求的信息暴露出来，并进行修改和更正。在流程上下游之间的互查中，各个流程执行人员要时刻监督上下游的信息传递情况及工作执行情况，以便及时发现流程中存在的问题。

掌握流程检查的主要方法

企业管理者在进行流程检查时，掌握基本的流程检查方法是非常有必要的。只有掌握必要的检查方法，才能在流程检查时有具体的依据，使流程检查工作有序开展。

方法一：流程稽查。主要检查流程的执行度。企业管理者在实施流程稽查时，可以依据以下步骤进行（见图4－1）：

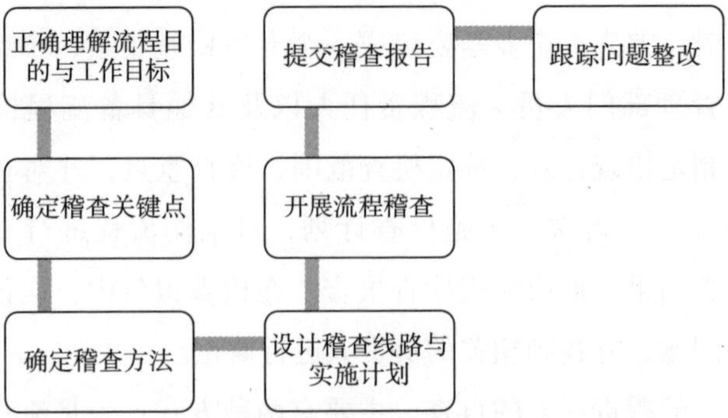

图4－1　流程稽查的步骤

方法二：流程审计。指企业的流程审计部门或企业专门组织相关专家组成流程审计小组，对审计范围内具体流程的运作现状、执行情况、流程缺陷、客户满意度、流程存在的问题等各方面进行稽查和评估，督促流程得到真正落实和执行，以不断优化和改进流程。通过流程审计，可以对流程实现全面检查，确保能够通过执行流程实现绩效目标。

流程审计人员通常有独立的汇报渠道，可以直接向公司高层报告流程中的问题和不符合项，报告只需要知会项目经理，而不需要受制于项目经理的决策。所以问题往往可以得到公司高层的较快响应，从而高效地得到解决。

方法三：流程评估。主要是检查流程运行结果。企业在进行流程评估时，应设立流程评估小组，每次评估的流程控制在20个左右，或者固定流程评估的数量。参与检查的流程负责人要参与到评估过程中，并将岗位代表的意见列入统一评估范围内。

对于流程评估的判断指标，只要该流程中有一项指标显示否定回答，则该流程即为不合格；而对于流程评估的量化指标，只要有一项显示肯定回答，则该流程即为合格。

企业在设置流程评估小组时，应保证评估小组的人员在7人以上，以保证评估结果的合理性。企业管理者可以作为评估小组组长，各部门负责人为小组成员。

通常，流程评估的判断指标主要包括以下内容（见图4－2）：

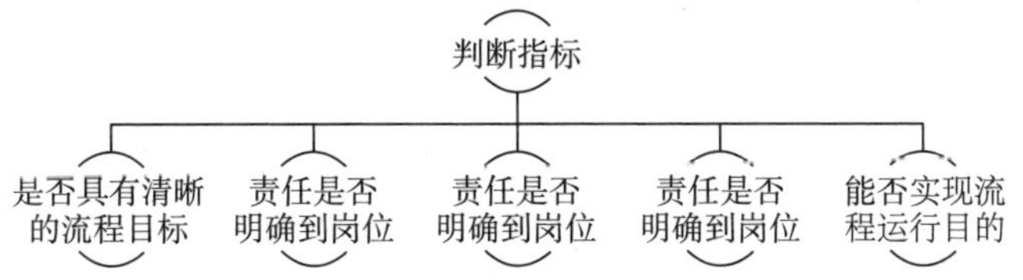

图4－2　流程评估的判断指标

流程评估的量化指标主要包括以下内容（见图4－3）：

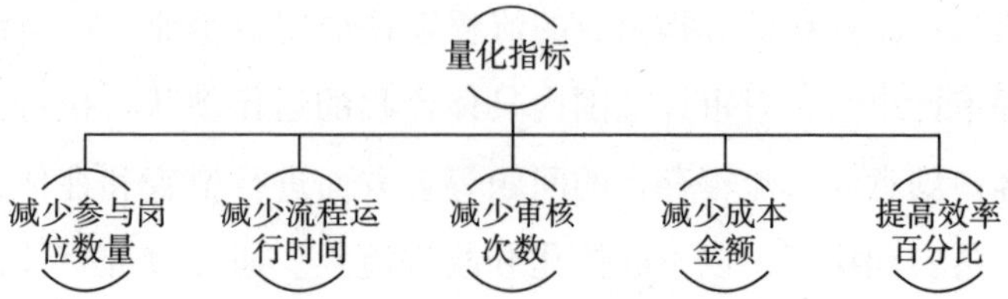

图 4－3　流程评估的量化指标

当流程评估完成后，需要将评估资料归档，并将单一流程的评估结论发放给流程主持岗位，责令其根据评估结果及评估意见对相关流程进行优化设计，以完善工作流程。

方法四：客户满意度评估。指通过调查客户满意度了解工作流程是否适用。客户满意度，也称为客户满意指数，是客户通过对一种产品可感知的效果与其期望值相比较后得出的指数。

客户满意度评估的内容主要包括顾客感受调查与市场地位调查两部分。顾客感受调查只针对企业自己的顾客，主要测量顾客对产品或服务的满意程度，比较公司表现与顾客预期之间的差距，为基本措施的改善提供依据；市场地位调查涉及所有产品或服务的消费者，对公司形象的考察更有客观性。在调查过程中，不仅要问及顾客对公司的看法，还要问及他们对同行业竞争对手的看法。

在进行客户满意度评估时，主要从回头客的数量、客户走访调查的结果以及产品对客户的使用价值 3 个方面进行评估。

企业管理者在进行流程检查时，要根据检查目的与需求，选择合适的检查方法。

2

通过检查工作结果提升流程价值

工作流程的存在就是为了给企业创造更大的效益。而工作流程所创造的实际效益如何，需要通过工作结果判断。工作结果，就是通过工作流程所创造出的工作成果以及客户满意度。只有工作成果可观，客户满意度提升，企业效益才能提升。所以，在检查工作流程时，可以通过检查工作结果，提升流程的价值。

张玲是一家商贸公司的财务主管，在检查财务部的工作流程时，张玲通过工作效率及客户满意度来检验工作流程的价值性。一次，张玲在对客户进行回访时，发现客户对于结款的不及时有很多怨言，很多客户抱怨去财务部结款时，都要等上半天，有时甚至要等上一天，中间还要签各种各样的文件。

根据客户反映的问题，张玲对财务部门给客户结款的工作流程做了梳理检查，发现既定的工作流程是：当客户来结款时，需要客户出示相关的文件，在由负责结款的人员进行核对之后，要将结款申请提交给财务主管，当财务主管审批完成之后，负责结款的人员需要同时将结款的具体情况录入公司的电子文档，并且手写一份文件放于一份纸质文档中，以上所有工作全部完成之后，才能真正付给客户应结的款项。通常，这一流程需要半个工作日，遇到特殊情况，如财务主管不在，或者公司的电子文档出现问题，那么就需要等更长的时间。

张玲发现，正是因为工作流程设置得不合理，才会导致客户满意度下降，且这样的工作流程对于企业而言其价值性就变得很低。所以，当通过检查工作结果发现流程中存在的问题之后，就要寻找相应的解决办法，以提升流程的价值。

减少或消除非增值流程因素

工作流程是否具有价值性，在于其能否通过提升工作效率而给企业带来实际效益。而要想提升工作效率，就要保证流程中的每个环节都有存在的必要，即都能够提升工作效率，创造效益。所以，在提升流程价值的过程中，就要检查工作流程，找出并减少或消除其中的非增值因素。

通常，流程中的非增值因素主要包括以下几类（见图4－4）：

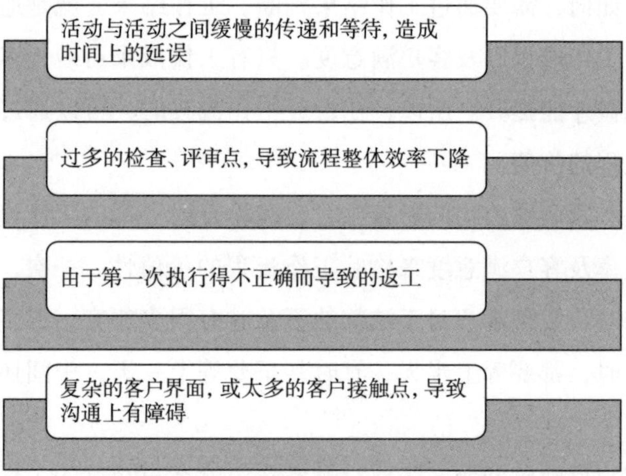

图4－4　流程中非增值因素的种类

根据以上流程中非增值因素的种类，可以通过以下方式减少或消除非增值流程因素。

第一，将串列活动变为并行活动。由于等待和传递的时间是流程中非增值的主要因素，因此，在消除非增值因素时，首先要消除等待和传递的时间。将串列活动变为并行活动。串列活动指的是一个活动完成后再启动下一个活动；并行活动则是同时启动和进行几个活动。当流程中的几个活动之间没有必要的先后逻辑关系时，为了节约工作时间，则可以将几个活动同时进行。

某家工业产品生产公司，在其一种产品即将进入量产时，采购部门才发现研发人员选择的一款零件现有的供应商不具备批量供货的能力，因此又不得不重新寻找具备批量供货能力的供应商。这一过程导致了生产时间的延期。而如果能够在产品开发流程中导入并行工作的思想，即在研发的过程中，市场部、生产部、采购部等部门及早介入，则可以避免出现由于供应商选择不合适而导致生产延期的情况出现，大幅提升工作效率。

第二，调整各个环节在流程中的位置。一个流程会涉及不同的角色，这些角色的执行者就组成了面向流程客户的团队，如果团队成员地理位置太分散，那么活动与活动之间的传递和等待时间就会拉长，同时还不利于团队成员之间的沟通。因此，如果条件允许，应尽量调整各环节的地理位置，使团队成员相互间不离得太远，以压缩传递时间。

第三，压缩、规定每个环节的时间。当对工作流程中的各个环节做好整合之后，实际上已经节省出了大量的工作时间。但是，为了将工作效率提升至最高，以最大限度地提升流程价值性，还要压缩每个环节的工作时间，规定工作期限。如果没有规定的工作期限，则可能出现在某一个工作环节上浪费大量时间的情况。因此，压缩、规定每个环节的时间，能够有效提升工作效率。

将企业价值落实到各部门和各岗位工作中

为了保证工作流程能够将企业的工作效益最大化，就要保证整个流程中任一部门和岗位所做的工作都是以提升企业效益为总目标的。所以，在检查流程时，就要将企业价值落实到各部门和各岗位中，将各个部门与岗位的工作目标与整体目标相结合，使部门和岗位所做的工作都是以保证企业总体效益为目的，避免出现各部门或各岗位只顾完成自己的工作目标，而不配合其他部门或岗位的工作、影响整体工作的情况。

例如，在一家企业，按照工作要求及工作计划，设备部需对生产设备进行检测维修，这样就会导致停机；但是，生产部门为了完成既定的生产任务，就会尽量做到不停机。此时，如果双方都只考虑自己部门的小目标，那么就会僵持不下，最终影响企业整体的生产工作。在这样的情况下，就要发挥流程价值最大化的作用，充分协调两个部门的工作，在完成各自小目标的同时，保证整体工作效率。

3

从问题处理与信息流转验证流程灵活性

在实际工作中，由于工作情况的不断变化，会出现各种各样的突发情况与问题。只有及时处理突发问题，才能保证工作效率与工作质量。但是，实际上，每个员工所具有的权利是固定且有限的，出现问题后，员工只能在自己的职权范围内做出工作决策，而对于超出工作权限的部分，则需要将工作信息流转给负责该项工作的人员。在这一过程中，如果工作流程设置不得当，就会导致工作信息失真，对决策的正确性产生影响；并且信息的流转往往需要经历多个岗位，导致浪费大量的工作时间，工作效率也大幅降低。所以，在检验工作流程时，对于突发问题的处理以及工作信息流转的情况，是检验流程灵活性的重要标准。

C 公司是位于济南的一家服装公司，在 C 公司内部，有一套系统的工作流程。从位于市场前线的服装销售员到高层领导者，中间隔着多个部门和层级，在工作中，任何工作信息都需要按照工作流程层层上报。C 公司的管理者一直认为企业的工作流程非常完善，但是，事实证明，这一套看似完善的工作流程并没有给 C 公司创造多少效益。

以服装的样式设计为例。一次，公司的服装销售员发现很多顾客都在找同一种款式的风衣，但是市场上这样款式的风衣并不多。于是，其中一名销售员认为这种款式的风衣一定会成为一股潮流，如果自己的公司能率先生产出这种款式的风衣，就能够迅速占领市场，获得巨大利润。但是，根据工作流程，这名销售员必须先上报给自己所在销售小组的组长，再由组长上报给销售经理，然后由销售经理上报给公司董事长。

而在这一工作信息层层传递的过程中，不仅对风衣款式的描述出现了偏差，并且浪费了大量的时间。当董事长做出生产这款风衣的决策时，市场上已经出现了大量同款风衣。C公司失去了占领市场先机的机会。而C公司之所以出现这样的问题，就是因为其工作流程不够简化，并且层层上报的工作方式严重降低了对突发问题的处理能力和信息流转速度。

为此，C公司的管理者决定对公司的工作流程进行检查，并做出相应的改进措施。经过检查发现，任何工作中的信息都要层层上报，等上级领导做出决策，再将其层层传达下去，已经浪费了大量的工作时间。并且员工没有对突发问题的处理决策权，也极大地影响了问题处理的效率。

为此，C公司针对之前工作流程的弊病做出了较大改善，不仅赋予了员工更多的对突发情况的处理权，而且在信息传达方面，对于重要且紧急的信息，员工可以越级汇报，以最大限度地保证工作效率。

在实际通过问题处理与信息流转验证流程的灵活性时，主要应该考虑以下几个问题：

现场问题现场解决

在验证流程灵活性时，首先应该考虑在工作流程中，是否实现了现场问题现场解决。通常，一个简洁、高效、灵活的工作流程，应该做到问题发生在哪里，就必须由哪个地方的现场人员做出分析和反应。发生在业务流程内的问题，必须由其承担主体责任予以分析、解决。

在某家汽车4S店中，一个客户看中了某款汽车，但是不喜欢汽车中自带的座套，于是向汽车销售人员询问能否换另外一款。但是，销售人员却说自己无权处理，需要请示销售经理。而在请示销售经理后，过了一个小时，销售人员却回复客户说销售经理也无权处理，必须上报给总经理审批，但是，总经理出差了，需要过几天才能回来处理这件事。客户听到这样的答复，早已失去了购买兴趣，于是决定放弃购买。就这样，这家4S店便白白浪费了一次成交的机会。

以上这个案例就是没有做到现场问题现场解决，流程过于烦琐，导致问题处理效率低下。在检查流程时，着重分析流程中突发问题的处理能力，只有提升突发问题的处理能力，做到现场问题现场解决，才能提升流程的灵活性。

给一线员工必要的决策权

通常，工作中的突发情况都发生在工作现场，所以，工作在一线的员工是最了解问题的，也是最接近问题发生地的。在这样的情况下，就要赋予一线员工必要的决策权。

在上述4S店的案例中，之所以会失去订单，就是因为工作流程过于繁琐。当客户提出要更换另外一款汽车座套时，销售人员没有决策权，只能一级级上报，最终导致客户放弃购买。在这一过程中，如果能够修改工作流程，给予一线销售人员一些决策权，销售人员可以根据实际情况，自行决定是否给客户更换汽车座套，那么，当客户提出上述要求时，销售人员则可以立即对客户的问题做出回应，就可以成功签下这一订单。所以，在检查流程灵活性时，要赋予一线员工必要的决策权。

要实现给予一线员工必要的决策权，可以在工作流程中引入“倒金字塔”管理法。“倒金字塔”管理法由瑞典的北欧航空公司总裁杨·卡尔松提出。在传统的企业结构中，大多是“正金字塔”模式（见图4－5）。

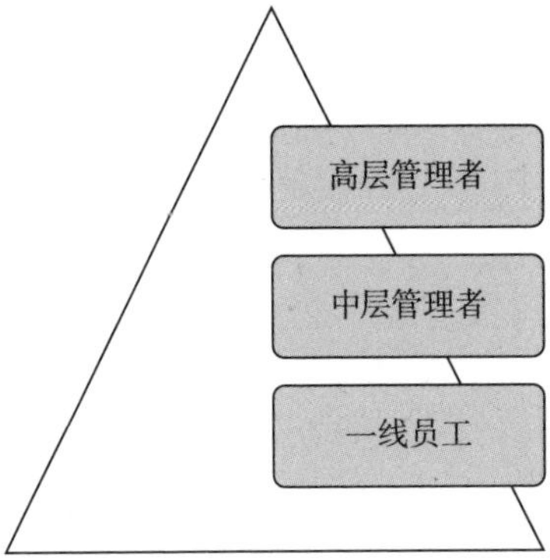

图4－5 “正金字塔”结构

“倒金字塔”管理法所设置的企业结构与传统企业结构相反，将一线员工放在了最重要的位置，给予员工更多的决策权，而管理者则成为资源提供者（见图4-6）。

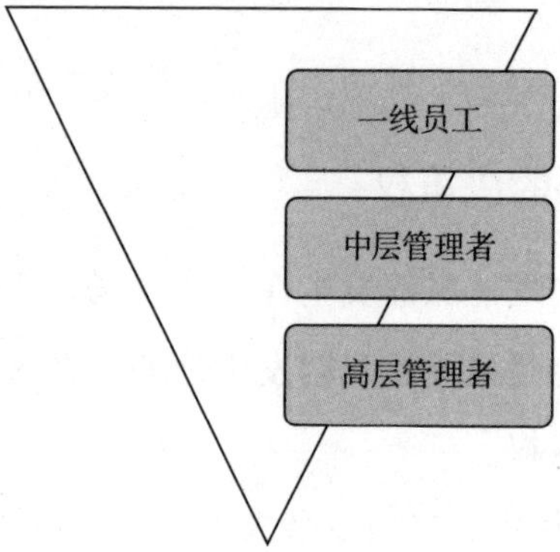

图4-6 “倒金字塔”结构

通过这样的方式，赋予一线员工更多的决策权，使其在面对客户和为客户服务时，能够主动、有效地根据客户的需求做出服务回应，从而提升工作流程的灵活性。

4 关注资源利用率，加强流程整合的科学性

企业所进行的任何工作都需要依赖一定的资源，企业之间的竞争很大程度上是资源的竞争。拥有资源的数量很重要，而能否将拥有的资源合理利用，也同样重要。如果资源利用不合理，则会造成浪费，使得企业经营事倍功半。所以，在检查流程时，要着重关注工作流程中的资源利用率，加强流程对于工作资源整合的科学性。

在大部分企业中，虽然企业所拥有的资源所有权统一归企业所有者，但是，放置在实际工作中，则会将资源进行分配，各个部门或者岗位根据工作需求不同，所拥有的资源也各有不同。而这样的资源分配方式，往往造成资源分散，某一种资源成为某一部门的独有资源，当其他部门需要使用时，则需要花费大量的时间审批。这无疑造成了资源的浪费，同时也影响了工作效率。

在某家公司内部，每个部门都有工作资源，但是，按照工作流程，如果不同的部门之间需要相互借用资源，则需要经过层层审批。例如，研发部门的人员在研发一种产品时，需要一种特殊的零件作为参考，但是，研发部并没有这种零件，需要向生产部借用，那么就需要走以下工作流程（见图4－7）：

完成上述流程，至少需要两个工作日。这也就意味着，在等待审批的这两个工作日内，研发人员的工作将无法进行。出现这样的情况，就是所制定的工作流程没有将资源进行合理分配。为了避免出现这样的情况，在

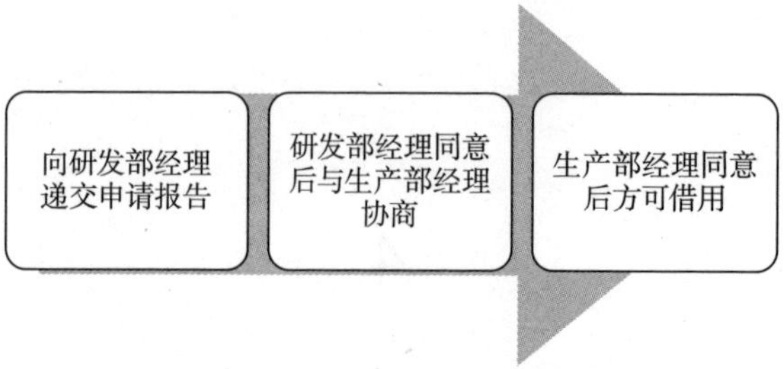

图 4－7　借用零件的流程

加强流程对资源整合的科学性时，企业可以将一些在地域上和使用权上分散在某一单位或部门的资源当作企业的统一资源使用，让资源不再单独属于某一个部门，这样，任何有正当需要的部门都可以调用，就可以大大提升资源利用率与工作效率。

让资源成为流程的一部分，而不是部门的一部分

通过上述案例可以看出，如果让资源成为某一部门的独有资源，则很有可能造成资源浪费，并且影响工作效率。为了改变这种情况，就要在检查流程的过程中，让资源成为流程中的一部分，而不是某个部门的一部分。只有让资源跟着流程走，实现资源与工作的高度匹配，才能保证资源得到充分、合理的使用。

例如，许多企业都会为高层管理者和各个职能部门的管理者配备公务用车。但是，往往出现一辆车只属于某一个部门管理者使用的情况，这样，当其他部门需要用车时，则无车可用。C 企业为了避免出现这样的情况，设置了以下公务车使用流程（见图 4－8）：

这一工作流程充分将资源与工作结合起来，使得公务用车不再属于某一个部门，而是只要有合理需求，任何部门都能够按照相同的程序使用公务车。这样，不仅提升了工作效率，还使资源得到了充分利用。

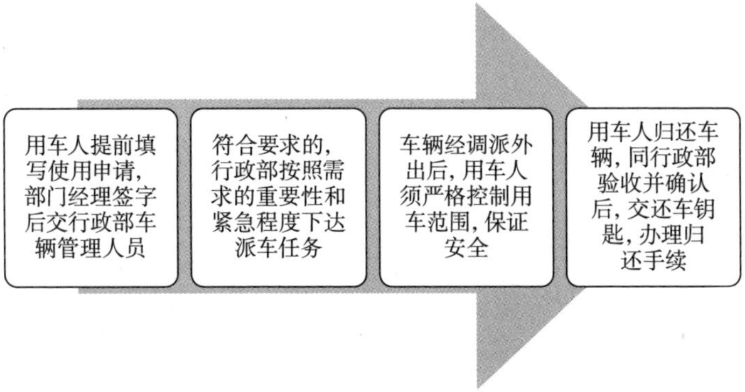

图 4－8　公务车使用流程

资源使用效率与流程联系

将资源使用效率与流程联系起来，指的是把对企业资源的集中使用的效益责任与业务流程的运转对应起来，资源的使用效果和工作效益不再以部门为单位进行核算，而是以流程为单位进行核算。通过这样的联系，可以将资源纳入流程中，让资源使用的效率责任与企业流程运转效率相对应，以提高资源的使用率，达到资源利用效率的最大化。

小梁是一家服装公司的销售经理，在市场的一线负责服装产品的销售工作。一次，小梁发现有一款风衣销量总是上不去。小梁认为，如果一直这样下去，销售业绩会很差，而这个责任则需要自己承担。如果能够说服总经理对这款风衣实行降价销售，那么销量肯定会有所提升。这样，虽然公司会因为降价有一定的损失，但销量上去了，自己就不用承担销量上不去的责任了。于是，小梁决定向总经理提交风衣降价销售的报告。

在上述案例中，小梁为了不承担责任，而不惜申请让风衣降价销售，主要是因为风衣降价销售不会波及她的利益。可见，在公司现有的工作流程下，容易导致员工只是一味地推卸责任，不会为公司的整体利益着想。而如果能够将资源使用效率与流程联系起来，让员工的切身利益与公司利益联系起来，公司经营状况不好，员工的利益也会遭受损失，那么相信上述案例中的小梁就不会那么做了。

通过将资源使用效率与流程联系起来，在进行核算时，整个工作流程就是一个核算对象。

资源投入要看流程需求

根据流程需求投入资源，就是根据流程中的工作需求适当投入一定的资源，以保证工作的顺利进行。

例如，在汽车销售中，工作人员常常会碰到由于客户不喜欢汽车自带的座套而想要进行调换的情况。这时，如果公司能够根据工作需求，为每款汽车配备几款备用的座套，这样，当客户提出调换座套的要求时，汽车销售人员就可以直接拿出备用座套供客户选择，而不用再向上级层层汇报，一来减少了让客户等待的时间，二来也大大提升了签单量。

所以，可以根据流程中的各项工作的实际需求，准备好相应的资源备用。一旦需要用到备用资源时，就可以马上拿来使用。不过在这一过程中需要注意，要本着经济实用的原则配备资源，避免因为资源配备不当而造成资源浪费。

5 在上下级关系中看流程统筹的把控性

在工作流程中，不同的子流程之间有着明确的上下级关系。而在实际执行流程的过程中，如何把握各个流程之间的上下级关系、提升客户满意度，是检查流程时必须考虑的一项内容。通过检查各个流程之间的上下级关系，可以提升流程的统筹把控性，将流程创造的价值最大化。

将高位势流程作为协调流程的统帅

所谓高位势流程，指的是在与客户价值满足的时序关系上比较近的流程，或者是对客户价值满足影响比较大的流程。虽然企业的每个业务流程最终都是为满足客户价值而存在的，但是，不同的流程对于客户价值满足的时序、远近关系、作用大小却有着明显的区别。有的流程对于客户价值的满足具有直接影响，并且有较大的作用，而有的流程对于客户价值的满足的影响和作用则明显较小。其中，对客户价值满足的影响和作用较大的，当属高位势流程，而作用和影响较小的则是低位势流程。

在实际执行流程时，由于高位势流程对于客户价值满意度的影响较大，因此，应该将其作为协调流程的统帅，也就是奠定高位势流程的统帅原则。

高位势统帅原则强调，低位势流程必须无条件地听命并服务于高位势流程。由于高位势流程与客户价值满足时序关系较近，因此，如果在执行过程中，出现任何形式的延迟、质量降低，加之时间关系，缓冲的余地相对较小，所以会直接损伤客户价值；而低位势流程由于与客户价值满足的时序相对较远，即使发生延迟、质量降低等问题，与高位势流程相比，会有较多时间弥补，能有效减少对客户价值满足的损害。因此，低位势流程必须无条件地服从高位势流程。

例如，在邮局的业务流程中，包括仓储管理流程、资产管理流程、员工管理流程、车辆调度管理流程等子流程。但是，在实际工作中，员工管理、车辆调度及资产管理等，都属于企业的内部流程，并没有直接面向客户，对于客户的价值满足并不会产生直接的影响；而仓储管理则是直接面向顾客的，仓储管理的效率会对客户的满意度及企业的效益产生直接影响。因此，在仓储业务流程运作中，能否实时、准确地获取货物和仓库信息，并将其及时反馈给邮政物流总公司和客户，会直接影响客户满意度。所以，在邮局业务流程中，仓储流程属于高位势流程，其他流程为低位势流程，都是在辅助仓储流程完成工作。

在高位势流程的统帅原则下，低位势流程的结果需要从高位势流程的运转需要中推导出来。

在高位势流程统帅原则下，低位势流程所输出的工作结果，必须要对高位势流程的结果负责，所以，低位势流程的结果必须根据上游流程或者下游流程的需要推导出来，然后对下游流程或上游流程的运转做相应的安排和计划。在这一过程中，不能随意更改工作要求及对低位势流程的工作投入。

为了遵循高位势流程的统帅原则，要做到以下两点要求（见图4-9）：

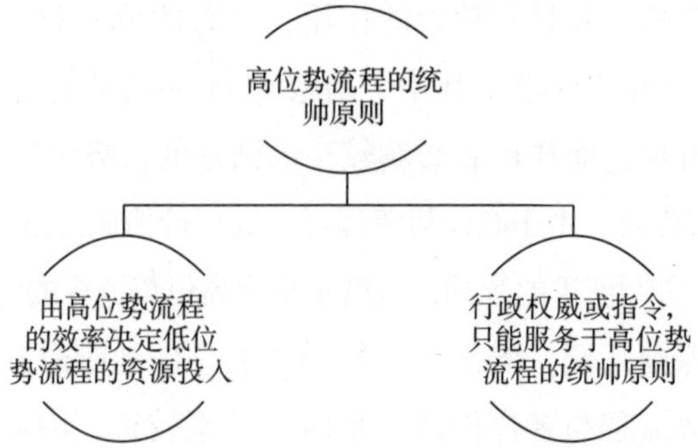

图4-9　遵循高位势流程统帅原则需做到的两点要求

以下游活动的要求作为工作指令

在上文中，我们明确了高位势流程的统帅原则在不同流程之间的先后顺序。实际上，除了不同流程之间存在先后顺序，在同一流程中，还存在上游活动与下游活动的区别。通过明确上下游之间的关系，可以保证整体流程的完整和执行过程的顺畅。

通常，在工作中，要以下游活动的要求作为指令，下游活动对上游活动的数量、质量、时间、地点具有绝对的约束力，上游活动必须无条件服务于下游活动。这一原则称为下游活动的指令原则。在下游活动的指令原则中，哪个流程或者活动最接近客户，那么该流程或活动的执行者所提出的要求就越有约束力，上游流程或者活动必须围绕这一要求进行。

C 公司是一家电子零件生产公司，在其销售订单评审管理流程中，就遵循高位势流程的统帅原则。其中，下游活动是销售人员接订单，在对订单进行初步评审后，向上游活动发出订单评审的指令。当订单指令发出后，销售部、生产部、采购部、技术部、品质部及总经理会立即参与评审，并将评审结果及时反馈给销售人员。销售人员在接到评审结果后，及时反馈给财务部，并向财务部发出指令，审核客户的信用情况和订单付款情况。当财务部审核完成后，再将结果反馈给销售人员。

在这一过程中，销售人员是最接近客户的层级，在流程中，属于高位势流程，而销售部、生产部、采购部、技术部、品质部以及财务部等则要为高位势流程的工作发挥辅助作用，帮助销售人员完成工作。当销售人员的工作完成后，则会提升客户的价值满意度。

在下游的指令原则中，需要注意以下问题：

第一，明确下游活动主体的执行标准。在下游活动的指令原则中，要以下游活动为核心。而为了明确工作内容与要求，就要明确下游活动主体的执行标准，之后才能够明确工作要求，分配各方面的工作。

第二，保证各活动执行人的平等关系。在执行流程时，虽然上下游工作之间存在先后顺序的区别，但是，这并不代表具体的执行人员有重要与不重要之分，因此，要保证各个执行人员之间的平等关系。

6

不断明确责任划分以提升团队合作力

通常，在工作流程中，要完成一项工作，需要多个部门、多个人员的共同合作。而工作的最终目的，是为了满足客户需求，为企业创造效益。但是，如果工作流程没有将各方面的责任划分清楚，则容易发生出现问题互相推诿的情况，或者各个部门各自为政，只顾完成自己的工作，而不顾与其他部门的协调与合作。如此，是无法实现满足客户需求、创造企业效益的目标的。所以，在检查工作流程时，要从责任划分出发，不断明确流程中各部门的工作责任，提升团队合作力。

F 公司是一家大型的生产企业。在 F 公司的生产流程中，采用的仍然是传统模式下的以职能为取向的组织结构模式（见图 4－10）。

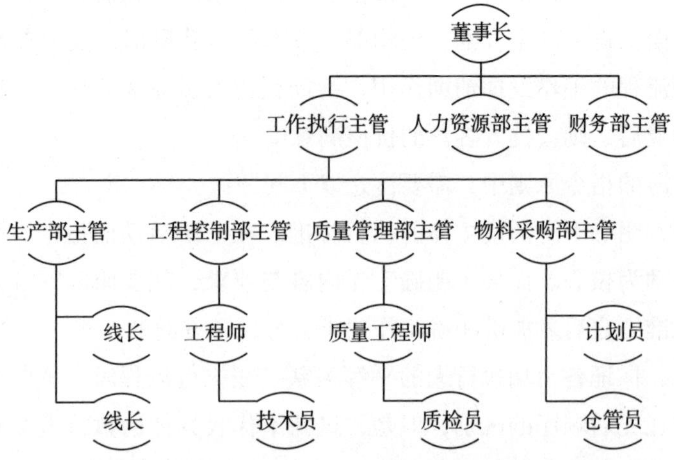

图 4－10　以职能为取向的组织结构模式

在这一组织结构模式下，生产部主管、工程控制部主管、质量管理部主管以及物料采购部主管分别负责自己所在部门的工作。由生产部主管制定物料采购计划，安排生产活动；物料采购部主管则负责物料采购与出货；工程控制部主管对整个生产过程进行调控，提供技术支持；而质量管理部主管则负责检验生产出来的产品，以保证产品质量。这虽然看似分工明确，但是，实际上生产部主管、工程控制部主管、质量管理部主管以及物料采购部主管都是只负责自己所在部门的工作，对于整体的工作情况都没有承担任何责任。至于整体的工作效果如何，则都落在了工作执行主管的身上。

这样的工作流程，导致了F公司在生产过程中，出现了各个部门只顾做好自己的工作，却不注意与其他部门合作的问题。例如，生产部主管为了赶生产进度，要求物料采购部尽早购买生产材料；而物料采购部却认为，自己只要按照既定的采购计划采购物料即可，即使时间充裕，宁愿做一些其他的工作，也不肯提前购买生产物料。双方都只考虑自身，而不顾与其他部门的合作，导致各部门之间矛盾频发，严重影响了工作秩序和工作状态。

F公司之所以会出现这样的情况，就是因为其工作流程对各部门的工作责任划分得不合理，导致各个部门在工作中只考虑自身的工作情况，而忽略了与其他部门的合作，最终影响了整体工作效率。

为了避免出现F公司这样的问题，就要检查工作流程中各方面的责任分配，以保证责任划分合理，提升团队合作性。

调整流程结构，合理划分责任

上文中F公司之所以出现这样的问题，一个最主要的原因就是流程结构设置得不合理，工作责任划分不清晰。所以，为了避免这样的情况发生，就要在检查流程时，调整流程结构、合理划分工作责任。

例如，针对F公司流程结构不合理的问题，可以通过调整其流程结构得到解决。其之前的工作流程是由工作执行主管负责协调各个部门的工作，而各部门的主管则只对自己部门负责，从而导致整体工作中所有的工作责任都落在了负责协调的工作执行主管身上。为了改变这样的情况，可以将其工作流程结构进行如下调整（见图4－11）：

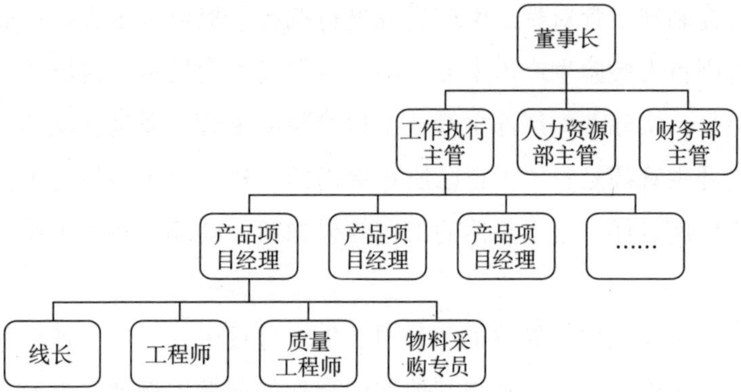

图4－11　调整后的工作流程结构

调整后的工作流程结构中，不再只是工作执行主管担负所有的工作责任。在工作执行主管与具体工作执行部门之间，添加了产品项目经理这一岗位。线长、工程师、质量工程师、物料采购专员等部门直接对产品经理负责，产品经理通过产品质量与客户满意度等指标，控制工作质量，最终由工作执行主管对整体工作进行调控。

通过调整工作流程结构，将工作责任分配给各部门，并且加强了对于各部门工作协调性的要求，成功避免了各部门工作独立、责任独立，由工作执行主管担负所有工作责任的情况。

在调整工作流程的结构时，应注意以下几个问题（见图4－12）：

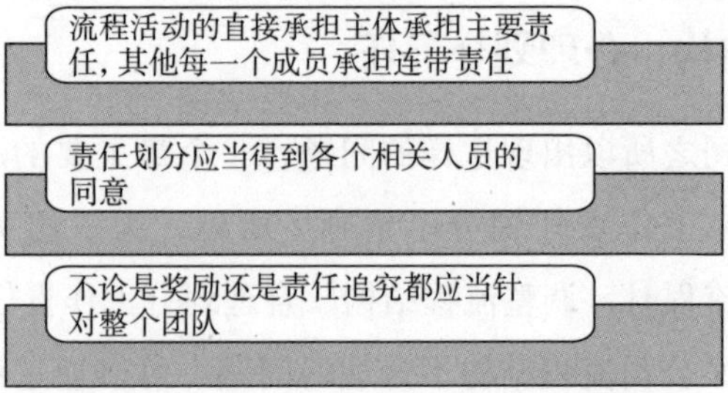

图4－12　调整流程结构应该注意的问题

通过调整流程结构，明确责任划分，能够避免流程任务的失误，提升工作执行质量。同时，在保证各个部门和员工充分参与到流程管理的过程中，能够有效提升员工的团队意识，提升团队合作能力。

把合适的工作交给合适的人做

一些企业管理者认为调整工作流程就是调整做事的先后顺序，实际上，远远不只这些。其中，还有一层重要的含义就是把合适的工作交给合适的人做。目前，在很多企业中都存在以下情况：当流程检查完，并对流程进行了相关调整后，很长一段时间工作情况却并没有得到明显改善。通过调查发现，之所以会出现这样的情况，是因为几个关键流程的关键岗位人员不能胜任当前的工作，而影响了工作进度。实际上，如果流程中的员工不能胜任当前的工作，就会造成工作堵塞甚至产生瓶颈，影响工作效率，阻碍企业正常运行，这样的岗位员工就必须要进行调整。

通过把合适的工作交给合适的人做，可以有效提升工作质量与工作效率，保证工作流程各个环节的顺利进行，消除工作瓶颈。

加强员工团队合作、互帮互助的意识

要想真正实现工作流程的高效运转，通过调整流程结构明确工作责任是一方面，另一个重要的方面就是要加强员工团队合作、互帮互助的意识。调整流程结构是从制度上对员工进行约束；而加强员工团队合作、互帮互助的意识，则是让员工从内心认可团队合作的重要性，从而在工作中自发地与同事合作，实现团队互助。

上篇

流程要简化

第五章

优化流程重核心，精简无用程序

在传统的以职能为中心的管理模式下，流程常常隐蔽在臃肿的组织结构背后，运作复杂，效能低下。在这种情况下，就要不断进行流程优化，以提升流程管理效果。鉴于流程问题的复杂性，并非一蹴而就，所以在优化流程时要找准优化核心，将核心流程作为优化重点，逐步开展优化工作。

1

让成本降下来，把效能提上去

流程优化，指的是对现有工作流程的梳理、完善和改进的过程。流程优化不仅指做正确的事，还包括如何正确做事。流程优化是一项策略，通过不断修改、完善、优化业务流程，可以保持企业的竞争优势。企业管理者在流程管理中，要不断对现有流程进行改进，以不断提升工作效率。企业在优化流程的过程中，既可以是针对流程整体的优化，也可以是针对其中某一部分的优化，例如减少工作环节、改变工作时序等，最终目的都是为了提升工作效率，降低工作成本。

流程优化是企业发展的必然要求

麻省理工学院教授迈克尔·哈默（Michael Hammer）曾在 20 世纪 90 年代这样预言："对于 21 世纪的企业来说，流程将非常关键。优秀的流程将使成功的企业与其他竞争者区分开来。"从中可以看出流程对于提升企业竞争力的重要性。而为了使工作流程能够更好地发挥作用，适当的流程优化必不可少。企业外部环境日新月异的变化和内部运行的低效率状况都促使企业不断进行流程的优化，以提高企业的竞争实力，实现企业的快速、稳定、可持续发展。

企业进行流程优化的必要性主要体现在企业内部环境和外部环境两个方面。

第一，企业外部环境变化。

由于科技的发展，现今社会已经是信息社会，企业的经营环境较之前发生了很大改变，只有掌握信息、技术才是王道。在这样的外部环境下，以下 3 种因素，使企业面临着愈加严峻的挑战。

（1）客户。由于商品的多样化，现今市场已经由卖方市场转变为了买方市场，客户开始在供求关系中占据主导地位。同时，客户的需求逐渐多样化、个性化。这无疑给企业提出了更高的要求，企业只有不断优化工作流程，使其适用于市场竞争需求，才能保证企业的竞争力。

（2）竞争。由于网络与交通的发展，以往制约商业行为的因素正在逐渐消失，市场竞争不断加剧。企业要想在激烈的市场竞争中占据一席之地，就要不断优化工作流程，达到简单、高效，以适应瞬息万变的市场。

（3）产品周期。现今的市场，不仅对产品的成本和产量有很高的要求，对产品的质量、上市速度、更新周期和客户服务也提出了更高的要求。这也迫使企业必须对旧的业务流程体系不断进行优化，建立能够面向市场的、以顾客为中心的、快速响应的流程体系及其运作机制，以提高企业对市场信息和顾客需求的响应速度。

第二，企业内部运行要求。

很多企业虽然有自己的工作流程，但是工作效率非常低下。在这样的情况下，就需要对现有的工作流程进行优化，以提升工作效率。

通常，由于工作流程不合理导致的工作效率低下主要表现在以下几个方面（见图 5 – 1）：

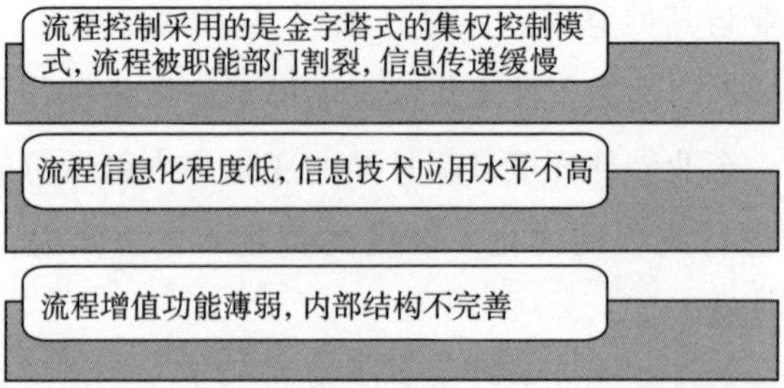

图 5 – 1　企业由于流程不合理导致效率低下的表现

流程优化是提升竞争力的有效途径

流程优化对于提升企业的工作效率具有重要作用。通过优化工作流程，可以重整企业的内部结构和工作秩序，减少其中的无效环节，避免时间浪费。拥有一套高效流程的企业，其竞争力要远超工作流程效率低下的企业。

A 企业和 C 企业是两家规模相当的电子产品生产企业，它们都有自己的工作流程。A 企业总是根据经营需求的变化不断优化自己的工作流程，而 C 企业却认为自己的工作流程已经非常完善了，坚持不对工作流程做任何调整。正是因为两家企业对于工作流程优化的不同态度，导致两家企业的发展呈现出了截然不同的态势。

例如，由于市场竞争日益加剧，电子产品更新换代加快，对企业的生产效率和生产周期都提出了更高的要求。A 企业为了适应市场需求，对工作流程进行了优化，对于那些可以用科技手段代替的工作环节，全部实现了信息化、科技化。而 C 企业却固守原有的工作流程，坚持不肯优化流程。因此，A 企业能够不断适应市场新要求，在优化流程的过程中不断提升企业竞争力；而 C 企业却因为工作流程无法适应市场需求，生产效率低下，产品周期过长，逐渐失去了市场竞争力。

可见，流程优化是企业提升竞争力的有效途径，能够为企业带来诸多优势，具体有以下几个方面（见图 5－2）：

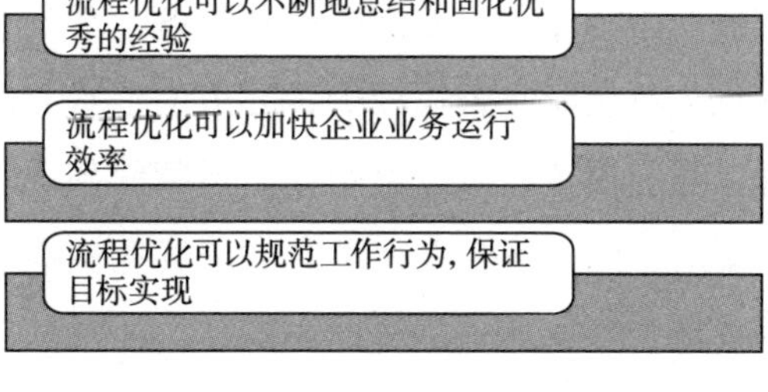

图 5－2　流程优化能够为企业带来的优势

流程优化要持续进行

流程优化对于企业发展具有重要作用，但是，其并不是“一锤子买卖”。由于市场环境与企业内部环境都处在持续不断变化当中，所以，流程优化也应该持续进行。

美国著名管理学家爱德华·戴明曾提出：一个企业85%的质量问题和浪费现象往往是由流程体系不当造成的，而只有15%来自于岗位因素。到了晚年，戴明又将该比例调整为96%和4%，以强调流程的持续性优化对于企业完善质量控制、提高效率、降低成本的必要性。

企业可以从以下几个方面认识流程的持续优化（见图5－3）：

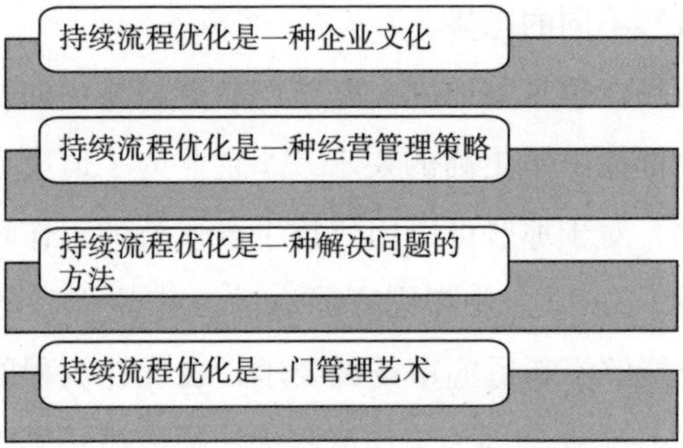

图5－3　认识持续流程优化的几个方面

企业在进行流程的持续优化时，应该以严格的组织结构和管理流程为前提，使各个流程的组成部分有机结合、环环相扣。同时，还应具备强大的数据支持和有效的指标体系，使组织运营的各个环节有清晰、系统的记录。持续流程优化，不仅能使企业减少各环节的浪费、提高运行效率、保障系统的稳定性，还能使企业通过不断提高运营效率、降低运营费用，有力地抵抗外部竞争对手的挑战，以在激烈的市场竞争中可以更多地采取降价等策略与对手周旋。

2

做好准备工作，让流程优化更高效

流程优化是一项系统的工作，其中涉及检查问题、寻找改进方法、实施改进等多个步骤。要做好流程优化，就要做好流程优化过程中的每一个步骤。例如，找对问题、找对方法等。这需要企业管理者对于流程以及流程优化有一个清醒的认识，做好流程优化前的准备工作，深入了解工作流程优化的相关内容，做到流程优化事半功倍。

学会界定流程问题

在流程优化的过程中，一个重要的步骤就是准确找到流程存在的问题。只有找对问题，才能寻找解决方法，进而解决问题。所以，在进行流程优化前，企业管理者需要学会如何界定流程问题。

由于工作内容不同，工作流程中存在的问题也各不相同。其常见问题主要有以下几种：

（1）工作条框过多，多个流程并行、串行，影响工作秩序。

（2）流程结构不合理，流程中涉及的部门以短期利益为中心，牺牲长远利益，导致各部门相互指责、推脱责任，影响工作整体效果。

（3）标准化不足，没有相关的书面文件，导致工作随意性大。

（4）管理流程的应有功能未得到充分发挥，如关键流程缺乏与市场动态密切连接的机制。

（5）流程执行过程中各部门职责分配不清晰、不合理，工作角色不明确。

（6）流程未与绩效挂钩，工作无法考量。

只有学会界定流程中问题的类型，才能选择合适的解决方法。

李乐是一家电子生产企业的总经理。他发现，虽然公司在产品生产方面设计了相关的工作流程，但是工作效率却没有得到明显的提升。所以，李乐决定对现有的工作流程进行优化。在实施流程优化之前，李乐对工作流程做了深入分析，发现并界定了流程中的问题类型。

通过分析工作流程，李乐发现，当生产任务确定之后，生产经理、采购经理、质量经理等各自负责自己部门的工作，各部门之间的协调全都依赖于执行经理。生产任务完不成，所有责任也都会落在执行经理身上，而其他人员完全不用负担责任。这样的情况使得各个部门只顾本部门的工作，忽略了与其他部门之间的协调合作。因此，李乐界定了流程问题的类型，即流程结构不合理，流程过程中的部门以短期利益为中心，牺牲长远利益。针对上述流程问题，李乐寻找到了合适的解决办法。

选择合适的流程优化运作方式

流程优化的具体方式对于优化的最终效果会产生非常明显的影响。由于优化对象与优化目的不同，合适的具体优化方式也具有明显不同。例如，新产品开发流程优化的方式与整个企业集团的流程优化方式，不论是优化的侧重点，还是优化的工具，都存在明显的差别。

在优化流程之前，要对优化的具体项目做深入了解，并选择合适的流程优化运作方式。在这一过程中，需要考虑以下几个问题（见图5-4）：

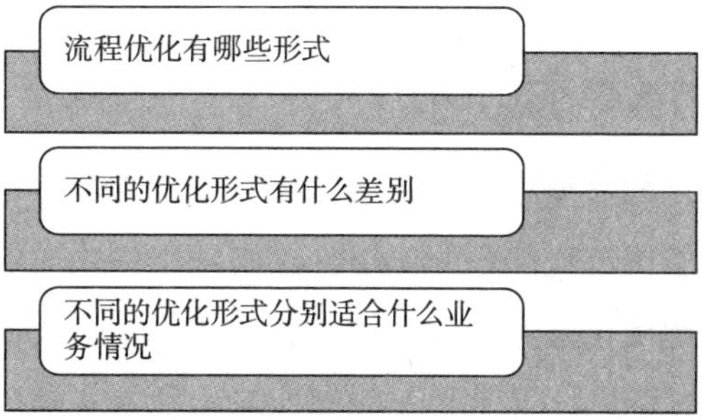

图 5-4　选择流程优化运作方式时应考虑的问题

流程优化要整体突破

企业管理者在优化流程时需要明确的一点，流程优化并不是针对某一个部门或是某一个环节，而是针对整体工作流程的。即使有的时候实际优化的只是一个部门或者一个环节，但是仍然需要从流程整体出发，以整体目标为导向决定具体的优化方式。

在这一过程中，首先，应该建立相关的协调部门，以保证优化项目的顺利推行。由于工作流程中各环节相互牵制，各个部门相互联系，因此，依赖各部门自身解决流程问题是不现实的，其中必然牵涉各个部门间的协调问题。所以，需要建立相关的协调部门，保证优化项目的顺利推行。

其次，由于流程优化的过程是一个不断培训的过程，因此，要加强概念与基本方法的培训。在这一过程中，应该注意以下几个问题（见图 5-5）：

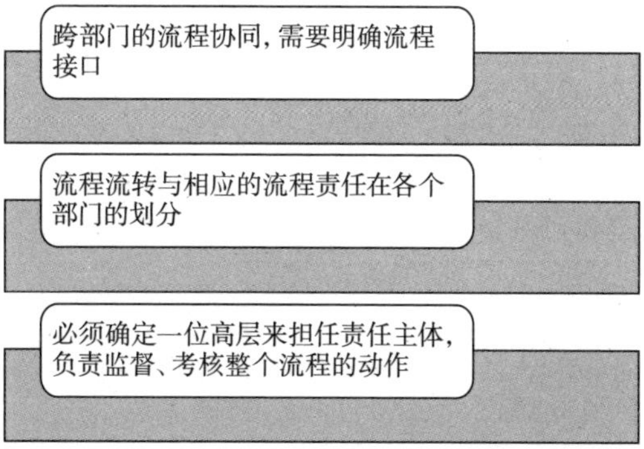

图 5-5　流程优化培训时应注意的问题

摆正心态，正视流程优化的作用

适当的流程优化能够消除流程瓶颈，提升工作效率。但是，一些企业管理者并没有正确看待流程优化的作用，在实际工作中对它的作用过分夸大。他们认为，流程优化是万能的，能够解决工作中出现的一切问题。所以，一旦工作中出现问题，并不是寻找问题发生的真正原因，而是一味地用优化流程解决。

实际上，流程仅是切入企业管理问题的一个面，虽然很多问题都与流程相关，但是导致问题的根本原因并不都是流程管理。所以，我们在判断某个问题是否适合通过流程优化的手段来解决时，需要先分析产生问题的原因，然后分析这些原因有多少是流程问题引起的。当确定了所发生的问题确实是流程问题引起的之后，还要确定问题的具体原因，最后再选择合适的优化方式对流程进行优化。

企业管理者在优化流程的过程中，要摆正心态，正视流程优化的作用。只有正确认识流程优化，才能做好流程优化，并通过流程优化提升工作效率。

3

核心业务流程要重点优化

虽然流程优化能够有效地提升企业的工作效率与市场竞争力，但是，由于整套工作流程所涉及的范围较广，如果对工作流程进行整体优化，会耗费大量的人力和时间，所以，进行流程优化时也应找到优化重点。由于工作流程中对于企业工作效率起关键作用的是其核心业务流程，所以，选择重点优化核心业务流程，所以快速提升企业的工作效率。

某模具企业为了适应市场需求，提升市场竞争力，对其核心业务流程做了优化提升。该模具企业的业务流程如下：

第一，以客户的需求为导向，先与客户在产品价格、交货日期等方面达成共识后确定订单，并根据订单制定项目计划，再进行模具设计，并按照客户对于模具设计提出的要求进行修改，直至客户满意，最终确认设计图纸。

第二，设计人员根据设计图纸填写订单表，交采购人员进行采购，之后准备生产制造。在生产过程中，要随时为客户提供每一阶段的生产进度状况。

第三，模具装配成型后，进入试模阶段。确定最佳试模参数（注塑温度、注塑压力、注塑时间、冷却时间等），如果试模不成功，则要做进一步的改模、修模。

第四，样品做出后，将样品交付给客户，并进行销售结算。

通过分析可以发现，这家模具企业的工作流程中存在以下问题（见图5－6）：

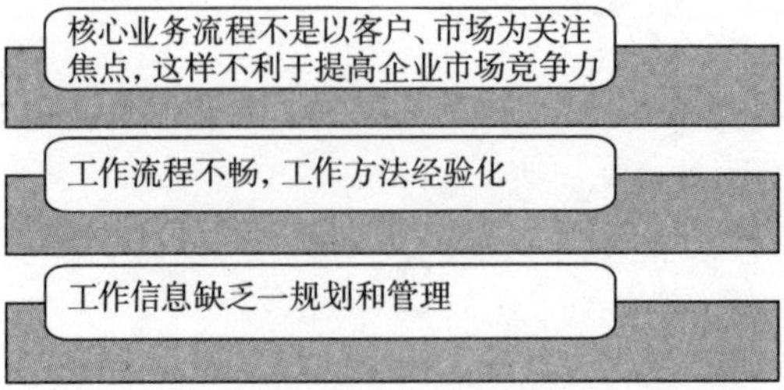

图5－6　模具企业工作流程中存在的问题

为了改善工作情况，这家模具企业对其核心业务流程做了一定的优化。

第一，这家模具企业梳理了目前自身的业务流程，通过实地调查和访谈有关工作人员，对现有的业务流程做了准确、全面的梳理。

第二，利用作业成本法计算出所有价值链上活动的费用，并以此确定需要优化的核心业务流程，尽可能消除不增值活动，对可增值的活动做一定的改进。

第三，运用鱼骨图分析核心业务流程，找出其中出现问题的根本原因，为之后的优化操作提供依据。

第四，运用ESIA方法对核心业务流程进行优化，即消除、简化、整合、自动化。

通过优化核心业务流程，这家模具企业的工作效率有了明显的提升。

从上述模具企业的案例中可以看出，核心业务流程对于工作效率的影响巨大，在优化工作流程时，应首先优化核心业务流程，使得优化工作事半功倍。企业要做好核心业务流程优化，就要做好以下几项工作。

掌握业务流程优化的具体思路

想要做好核心业务流程的优化，先要掌握业务流程优化的具体思路。只有知道怎么思考，从哪里入手，才有可能做好流程优化工作。

通常，业务流程优化的具体思路是：首先，分析、总结企业的功能体系，对其中涉及的每个功能进行准确描述，绘制业务流程现状图；其次，通过分析业务流程，找出业务流程现状中存在的问题，并结合信息技术应用找出解决方案，根据找出的解决方案提出业务流程优化的大致思路；最后，将业务流程优化的大致思路具体化，形成优化后的业务流程图。

企业管理者在优化业务流程时，要根据业务流程优化的思路，分析现有的业务流程，制定具体的优化方案。

寻找核心业务流程

在一个企业中，业务流程有很多种，但并不是所有业务流程都是核心业务流程，企业只有准确识别核心业务流程，才有可能做好之后的核心业务流程优化工作。

通常，一个企业的核心业务流程是指企业向外部顾客交付价值的流程。通俗来说，就是直接形成和提供产品的那些流程，《卓越绩效准则》一书中将其称为“价值创造过程（流程）”。企业的核心业务流程一般有以下4种（见图5－7）：

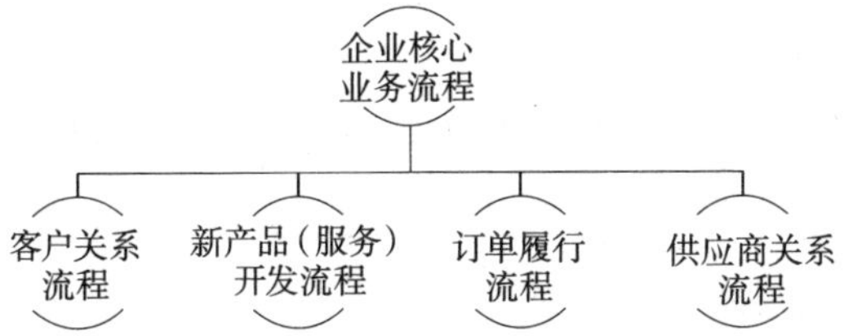

图5－7 企业核心业务流程

除核心业务流程之外，其他的都属于支持流程，如财务、人力资源等。广义地说，一般管理流程都可以相对视为支持流程，绩效管理也属于支持流程。

梳理企业的业务流程之后，就要找出其核心业务流程。一般，企业的核心业务流程主要是指与客户或产品相关的产品流程或者提供服务的流程，其他所有的业务都要围绕这些流程展开。企业管理者可以针对自身企业的实际经营项目与客户关系，确定自身的核心业务流程。

掌握业务流程优化的具体方法

目前，业务流程优化有两种方法，即系统化改造法和全新设计法。系统化改造是指在现有流程的基础上，通过对现有流程实行消除浪费、简化、整合以及自动化等步骤完成流程的优化工作；全新设计法是指从流程中要取得的结果出发，完全摒弃了现有的工作流程，从零开始重新设计工作流程。

企业管理者在选择业务流程优化的具体方法时，可以以外部的市场环境及企业内部环境为依据。通常，当外部市场环境相对稳定时，可以采用系统化改造法；而当外部市场环境处于剧烈波动时，则可以选择全新设计法。

理清业务流程的优化顺序

在进行流程优化时，理清业务流程具体的优化顺序非常重要。通常，业务流程的优化顺序如下：

第一，进行组织建设。组织建设是业务流程优化的前提，为保证组织建设的效果，需要组建一个由专业人员参加的业务流程优化执行小组，并由一位在企业中拥有高层决策权的领导担任小组负责人。执行小组的主要职责包括以下内容（见图5－8）：

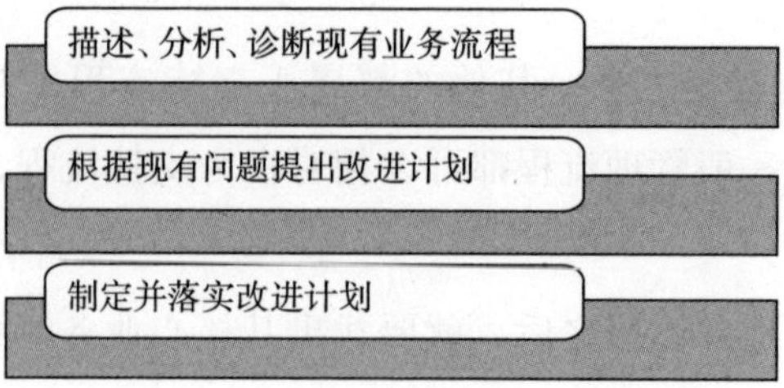

图5－8　执行小组的主要职责

第二，确定优化方案。执行小组组织建设完成后，就要投入业务流程优化工作，分析现有业务流程及产生问题的根本原因，并以此制定优化方案。

第三，监督优化方案实施。为保证流程优化的效果，还需指定专门人员，负责监督流程优化方案的实施工作，以防由于各种不确定因素对流程优化产生负面影响。

4 打通优化途径，快速实现优化目标

在优化流程的过程中，为了提升优化效率，就要打通流程优化途径，以快速实现流程优化目标。流程优化的途径通常包括更新设备、材料替代、环节简化以及时序调整等。在打通流程优化途径时，需要依据流程改造，完成流程的优化过程。

通过设备更新打通流程优化途径

设备更新是流程优化的一个重要途径，设备是企业生产经营的重要手段与基础，设备的好坏对于工作效率具有非常关键的作用。为了优化工作流程，提升工作效率，可以在企业自身条件允许的前提下，对企业设备进行更新。在对工作流程进行优化时，设备更新是一个需要优先选择的优化途径。通过更新设备，快速实现流程优化。

设备更新是指对在技术或经济上不宜继续使用的设备，用新的设备更换或用先进的技术对原有设备进行局部改造；或者以结构先进、技术完善、效率高、耗能少的新设备，来代替无法继续使用的旧设备。

设备更新并不是一项简单的工作，需要对设备的各方面进行综合分析，最终确定具体的方式。在进行设备更新之前，要对设备的三种寿命进行综合分析，以确定设备的实际情况（见图 5 –9）：

在实际工作中，由于工作要求的不同，设备更新的要求也会有明显不同。通常，设备更新的方式主要有以下三种：

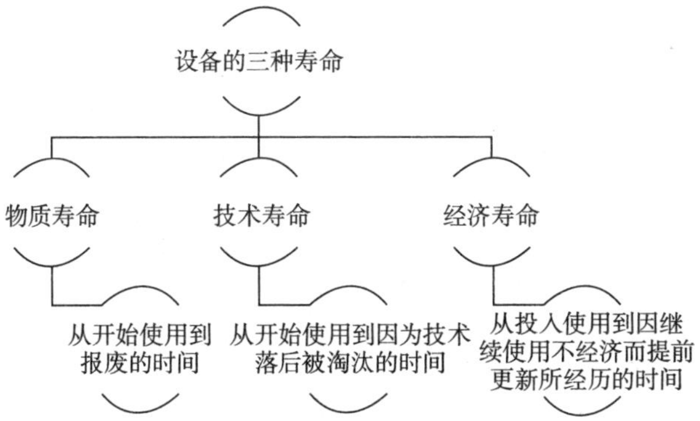

图5－9　设备的三种寿命

第一，设备的原型更新。这一更新方式又被称为设备的简单更新，指的是不更换设备的类型，而是更换与原设备完全相同的新设备。这一更新方式主要适用于原有设备非常适合生产经营，但是设备本身已经磨损至无法继续使用的程度。

第二，设备的技术改造。这一更新方式又被称为设备的现代化改造。它不需要使用新设备代替原有设备，而是利用先进的技术对原有设备进行优化或对部分功能进行改造，以使其达到新设备的水平。

第三，设备的技术更新。这一更新方式主要是由技术先进的新设备代替原有的工艺落后、技术陈旧的设备，以达到更新设备的目的。

通过材料替代打通流程优化途径

材料替代是流程优化的一个重要途径，指的是用一种材料取代另一种材料的流程优化途径。在流程优化过程中，选择材料替代作为流程优化途径的原因主要有以下几点（见图5－10）：

材料替代的方法有很多种，在使用材料替代作为流程优化的途径时，企业可以根据自身的实际情况，选择合适的材料替代方法。材料替代中常用的方法主要有以下几种：

方法一：成本—效益分析法。通常，企业如果更换新材料，由于新材料通常更加复杂，要求闭环控制，甚至成型采用新技术，所以成本通常会

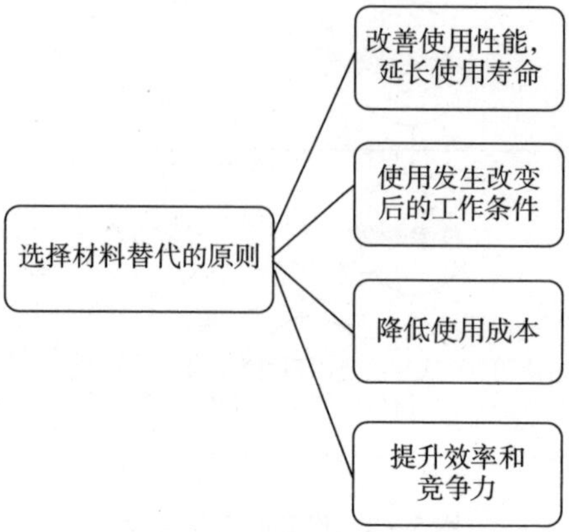

图 5－10 选择材料替代的原因

有所增加。在这样的情况下，企业就要在确定替代材料之前，做好成本与效益的综合分析，以保证在材料替代之后，仍然能够保持比较客观的利润。

方法二：Pugh 法。在这一方法中，通常由一个矩阵表来表示。将采用的新材料的每一种性能逐项和目前使用的材料性能对比，如果优于现用材料，就要在矩阵表中记为“＋”，反之则记为“－”；如果二者性能相同，则记为“0”。关于新材料与现用材料比较结果的分析，如所有“＋”“－”和“0”的数目，优点多于缺点的新材料作为真正的替代方案的候选材料，用于部件的再设计和详细分析。

通过流程改造打通流程优化途径

在优化流程的过程中，如果设备更新和材料替代都不适用于企业流程优化的实际情况与需要，就要采用流程改造的形式，打通流程优化途径。流程改造，指的是对于一些效率低下或不合适的流程，进行精简或调整的方法。在流程改造过程中，通常包括以下内容：

第一，取消所有不必要的工作环节和工作内容。在优化流程的过程中，首先要做的就是精简流程。在这一过程中，对于那些明显没有必要的工作环节和工作内容，就要坚决取消。而对于那些表现不明显的无意义的工作环节和内容，就要结合其在整个工作流程中所发挥的作用，判断其是否可以取消。通常，这是改善工作程序、提升工作效率的主要原则。

第二，合并必要的工作。为了最大限度地简化并优化工作流程，对于那些不能取消的工作环节和内容，就要考虑其是否能够合并。在完成一项工作的过程中，分工和合作是必要的。但是，如果某一工作环节或内容超出了工作人员能够承受的范围，则需要合并，以有效提升工作效率。

值得注意的是，在合并工作环节或者内容时，为了简化流程、提升效率，不必过多考虑专业分工，而是需要特别考虑保持满负荷工作。

第三，合理重排程序。在对工作环节和内容取消与合并之后，还要将所有程序按照合理的逻辑重排顺序，保证工作流程各个环节的条理性，以使工作流程更加合理有序，从而保证工作效率，避免工作流程各环节不合理浪费工作时间。

第四，简化必需的工作环节和内容。简化并不是只针对那些没有意义的工作环节和内容，而是那些必需的工作环节和内容同样也需要进行一定的简化处理，以使工作流程得到最大限度的优化。

5

评估、分析、改进与实施

流程优化并不是一项简单的工作，需要系统地分析、调整与优化。所以，为了保证流程优化的效果，在优化流程的过程中，就要严格按照流程优化的相关步骤进行。通常，流程优化的过程主要分为 4 个步骤，即流程评估、流程分析、流程改进与流程实施。这 4 个步骤逐渐推进，并且在每一个步骤中都有不同的方法。只有严格按照这 4 步进行，才能做好流程优化工作。

通过流程评估发现流程中存在的不足

流程评估，顾名思义，就是对需要优化的流程进行整体的评估、分析，发现流程中存在的问题和不足的过程。而在此过程中所发现的流程中的不足，就是流程优化时需要重点优化的对象。

为了保证能够对工作流程实现全面、整体的分析评估，在评估流程过程中，要从不同的方面对流程进行分析评估。通常，分析评估流程主要从以下几个方面进行（见图 5－11）：

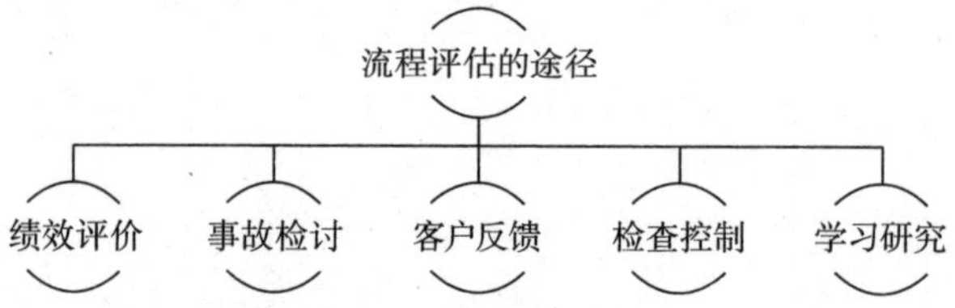

图 5－11　评估流程的途径

而进入实际评估流程，也有具体的方法。通常，评估流程主要可以分为4个步骤，在评估流程的过程中，要严格按照步骤进行。

步骤一：选择关键流程。每个企业都存在大量的流程，如预算流程、招聘流程、生产流程、销售流程等。如果将所有的流程都评估分析一遍，将会耗费大量的人力与时间，无疑会造成浪费。所以，为了提升工作效率，同时又能保证流程优化的效果，就要选择关键流程进行评估与分析。

所谓关键流程，指的是与企业的核心业务密切相关的工作流程，能直接反映企业的核心业务。关键流程的好坏对于整体工作情况具有至关重要的影响，且最具代表性。因此，评估流程时可以选择关键流程进行分析。

步骤二：准确描述关键流程。评估关键流程，就要先对关键流程形成一个整体的认识，所以，在选择出需要评估的关键流程之后，就要对关键流程进行准确的描述。

描述关键流程主要采用流程图的形式。通过流程图，可以清晰地看出关键流程中的各个工作环节，以及各个工作环节之间的流转关系。并且，通过流程图，还可以看出每个工作环节所担负的工作内容及相关工作负责人。

步骤三：提炼流程指标。流程指标指的是衡量流程优劣的量化标准，通过各个流程指标，可以看出现有流程的状态，为之后的优化提供依据。

步骤四：根据流程指标对流程进行初步评价。在对流程进行初步评价时，首先要收集相关指标数据，并对这些数据进行纵向与横向的对比。其中，纵向对比指的是分析该指标的历年数据的变化，如果今年的数据较往年发生了明显变化，就说明流程状态变化较大，需要对变化原因进行详细分析，找出问题；横向对比指的是将本公司流程指标的数据与标杆公司的指标数据进行对比，寻找差距，并找出原因，做出改正。

分析问题，寻找改善机会

分析流程，主要是通过分析流程评估之后发生的问题，并寻找相应的改善方法，为之后的优化工作提供依据。分析流程的内容主要包括以下几点（见图5－12）：

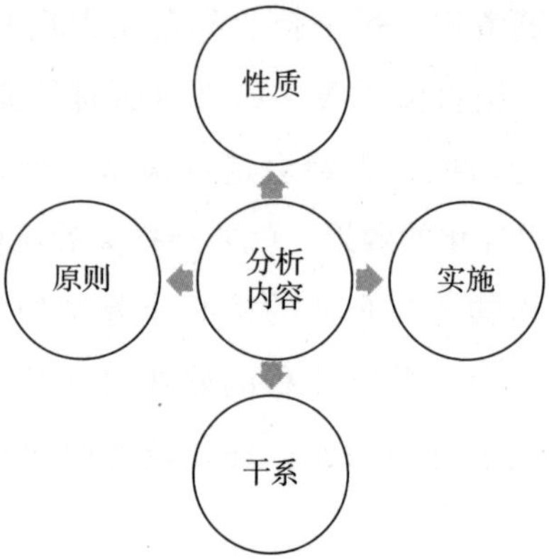

图5－12　流程分析的主要内容

通过流程分析，可以掌握流程中存在的一系列问题，并且，针对发现的问题寻找解决方法，为之后的流程优化打下基础。流程分析的主要方法为流程测量。流程测量，指的是使用量化的方式，记录和监控流程各个关键组成部分的运行情况。其主要的输出形式通常有流程拼读、流程各阶段的执行时间、等候时间、传递时间以及流程周期等。通过监控实施流程测量结果，可以发现流程中存在的风险，主动优化，降低由于流程问题给企业造成的损失。

在评估与分析的基础上改进流程

改进流程，指的是在评估与分析流程的基础上，对于发现的现有工作流程中存在的问题做相关的修改、补充以及调整等改进工作。通过改进流程，能够消除流程中存在的一系列问题，提升流程效率。

通常，改进工作流程的方法有以下几种。企业管理者在改进流程时，可以根据自己企业的实际情况，选择适合的流程改进方法。

方法一：访谈法。指的是通过访谈流程相关方，从中获取关于流程最直接的信息，以便做出改进。流程相关方主要是指业务流程的客户、供应商、生产者以及管理方等。流程相关方掌握着流程的第一手资料，对于流程的使用情况具有切身的体会，从中得出的意见也最为准确。

方法二：头脑风暴法。指的是流程优化的相关人员，通过集思广益、相互交流、相互启发，找出具有创造性的流程改进方法。

方法三：德尔菲法。指的是请流程优化方面的专业人士，通过独立的专家意见表述和背对背辩论，获取专业性的独立解决方案。

方法四：标杆学习法。标杆，即其他企业中成功的流程。通过学习相关的成功经验，为企业的流程改进工作寻找可行性方案。

实施改进后的流程

在经过评估、分析，并将流程做了相关改进之后，就要在实际工作中检验流程是否适用。在实施流程的过程中，主要需要经过以下 4 个阶段（见图 5－13）：

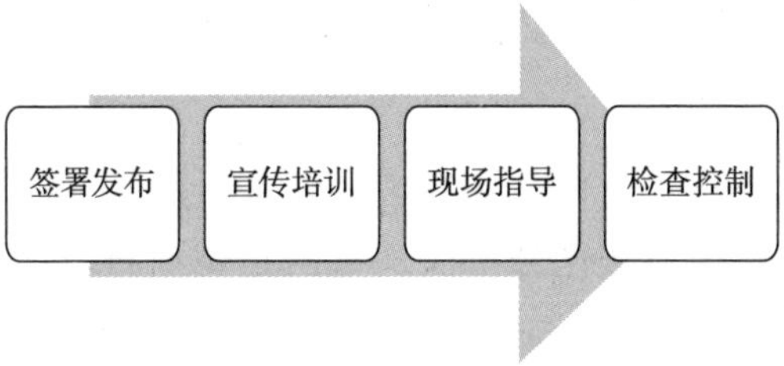

图 5－13 实施流程的 4 个阶段

通过实施流程，可以检验改进之后的流程是否适用，如果发现了新的问题，则需要做进一步的调整。通过这样的方式，可以实现流程优化，通过提升流程的适用性达到提升工作效率的目的。

6

掌握并选对流程优化的基本方法

在流程优化的过程中，不仅要做好优化前的准备工作，确定优化的范围，还要掌握并选择合适的流程优化的基本方法。只有掌握好优化的基本方法，才能将流程优化计划真正落实，达到预期的优化目标。所以，企业管理者在流程优化的过程中，要了解、掌握流程优化的各个基本方法，并在优化时根据实际情况选择合适的方法。

标杆瞄准法

标杆瞄准法又称为基准化分析法，指的是企业将自己的产品、成本、经营实践、服务等，与相应方面表现最优秀、最卓有成效的企业（并不限于同一行业）相比较，通过向其学习，改进本企业经营业绩和业务表现的不间断的精益求精的过程。标杆瞄准法是流程优化时的基本方法之一流程优化时，可以根据所要优化的流程类型，选择同类型中最为突出、优秀的流程作为标杆，通过对比分析发现自身流程存在的不足，并寻找相应的解决办法。

通常，标杆可以分为通用性标杆与内部标杆两种。通用性标杆指的是企业外部其他产业领导者的作业方式。通过分析其之所以能够在行业中处于领导地位的原因，寻找其关键流程，并根据自己企业的实际情况，将这些关键流程适用于工作流程中。内部标杆指的是企业内部的表现较为优秀的流程，同样可以作为标杆供流程优化时学习。在某些大型的企业中，通常设有多个分公司或者单位，而一些单位的工作流程代表了某种企业功能。这样的高效流程就可以在企业范围内推广学习使用。

企业在利用标杆瞄准法优化工作流程时，可以按照以下步骤进行（见图 5－14）：

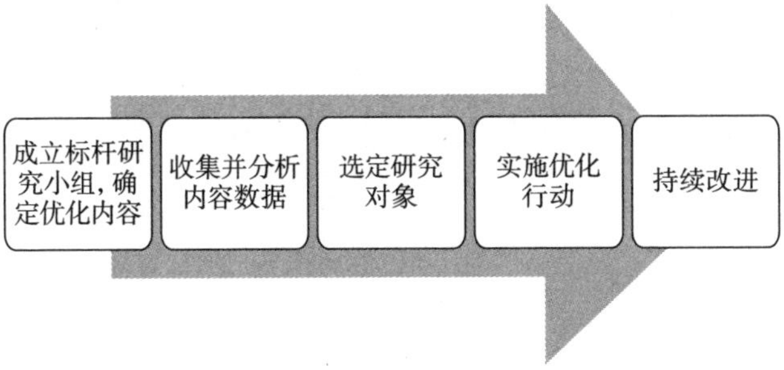

图 5－14 标杆瞄准法实施步骤

DMAIC 模型

DMAIC 模型是实施 6sigma（6σ）的一套操作方法，是 6σ 管理中最重要、最经典的管理模型，主要侧重在已有流程的质量改善方面。所有 6σ 管理涉及的专业统计工具与方法，都贯穿在每一个 6σ 质量改进项目的环节中。其中，6σ 主要指的是以下几项内容（见图 5－15）：

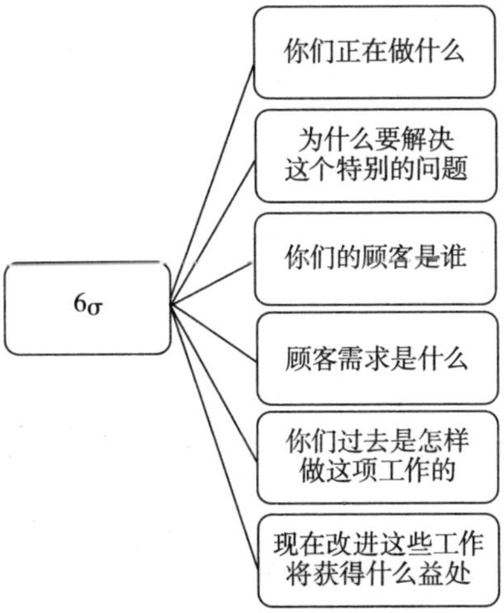

图 5－15 6σ 的主要内容

DMAIC 模型在实施过程中，主要需要做好以下几项内容：

第 1，D：Define，界定。界定是识别客户要求，确定影响客户满意度的关键因素；与问题相结合，组建一个有力的 6σ 团体。在这一步，必须抓住一些关键问题，并制定任务书。任务书中的内容主要包括以下几项（见图 5－16）：

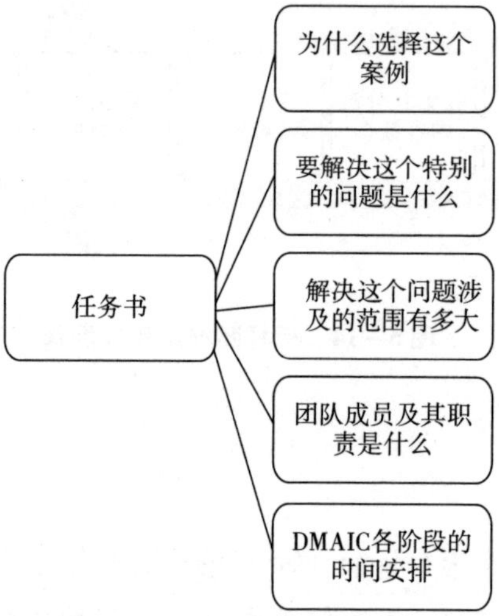

图 5－16　任务书的主要内容

第二，M：Measure，量测。量测是管理分析的基础工作。通过量测使得量化管理成为可能，有了量测也才使统计技术与方法的应用成为可能。为了获取真实、准确、可靠的数据，需要对量测的系统进行校准。

第三，A：Analyze，分析。分析是运用多种统计技术方法找出存在问题的根本原因的过程。常用的分析工具主要有以下几种（见图 5－17）：

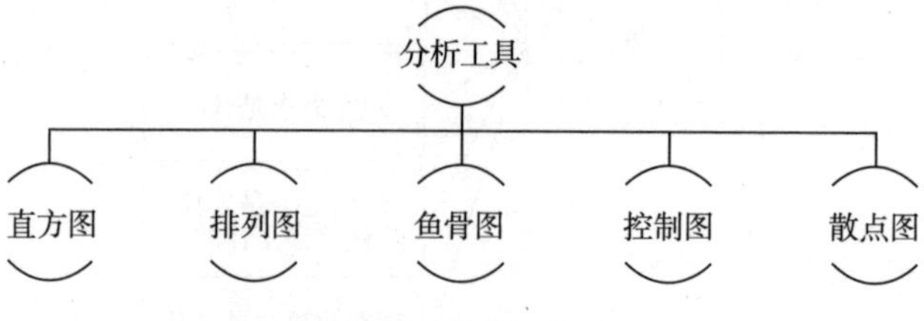

图 5－17　分析工具

第四，I：Improve，改进。改进是实现目标的关键步骤。相关分析、回归分析、实验分析、方差分析等，都是改进步骤中的统计工具。当统计方法找到了要改进的环节和方案之后，关键就是要实施方案。例如，当公司想要在各个部门之间跟踪节约资金，则可以将实际花费与预算联系起来，或者跟踪净节约资金、项目范围、项目结束时间等变量。通过正确跟踪数据，建立回归模型，用回归模型进行预测和控制，使公司收益和顾客满意度达到最大。

第五，C：Control，控制。控制是将变量的偏差控制在许可范围内，通过控制，可以有效避免由于工作时间过长而回到旧的习惯和流程中。

ESIA 分析法

企业所进行的所有经营活动的最终目的都是为了提升客户在价值链上的价值分配。所进行的流程优化同样是出于这样的目的。通过流程优化，企业可以一种新的结构方式为客户增加价值，反映到具体的流程设计上，就是尽一切可能减少流程中非增值活动，调整流程中的核心增值活动。其基本原则就是 ESIA 分析法。

ESIA 分析法的主要内容有以下几点（见图 5－18）：

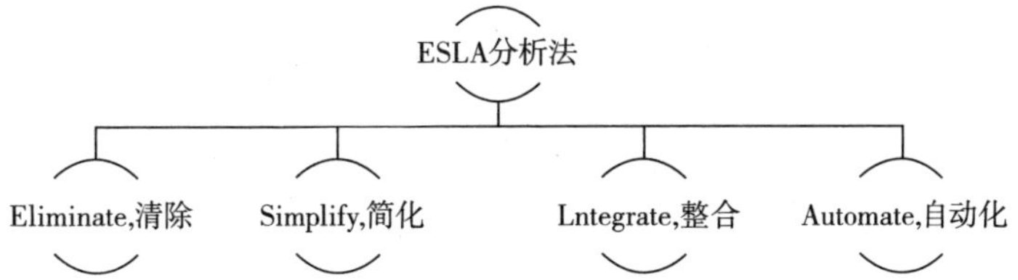

图 5－18　ESIA 分析法的主要内容

ECRS 分析法

ECRS 分析法，即取消（Eliminate）、合并（Combine）、调整顺序（Rearrange）、简化（Simplify）。

第一，取消，指的是在优化流程时，要考虑优化的工作是否能够取消。如果所研究的工作可以取消，则就是最有效的优化，既可以提升工作效率，又可以简化工作流程。在优化流程的过程中，可以取消的内容包括所有多余的步骤或动作；工作中的不规则性，如工具存放地点、习惯性机械动作等；一切危险动作和隐患；除必要的休息外的一切人员和设备的限制时间。

第二，合并，是流程优化时的常用方式。如果流程中存在两个或多个工作效果相同的环节，则可以将其进行合并。通过合并，有效消除重复现象，提升流程工作效率。

第三，调整顺序，也称为重排，就是通过改变工作程序，使工作的先后顺序重新排列，以达到提升工作效率的目的。

第四，简化，指的是在取消、合并、重排的基础上，尽量简化工作方式。简化是一种工序的改善，也是局部范围的省略。通过简化工作方式，能够有效缩短工作时间，提升工作效率。

ECRS 分析法中的取消、合并、重排、简化 4 个步骤可以循环运用在流程优化中，使流程得到持续的优化。

SDCA 循环

SDCA 循环就是标准化维持，即“标准化、执行、检查、总结（调整）”模式。SDCA 循环强调用流程标准化实现流程优化，将工作流程实行标准化之后，通过不断检查流程，保证工作流程的平稳运行。

在运用 SDCA 循环进行流程优化时，要设置好标准。良好标准主要有以下几个要求（见图 5－19）：

SDCA 循环的主要内容如下，企业管理者在使用 SDCA 循环进行流程优化时，要根据 SDCA 循环的主要内容逐步实施。

第一，S：Standard，标准化。即企业为提高产品质量编制出的各种质量体系文件。在这一过程中，企业要召集相关员工，找出工作中存在的问题，寻找与标准之间的差距；而在寻找差距时，要收集现有工作的相关数据，并找出问题发生的原因。

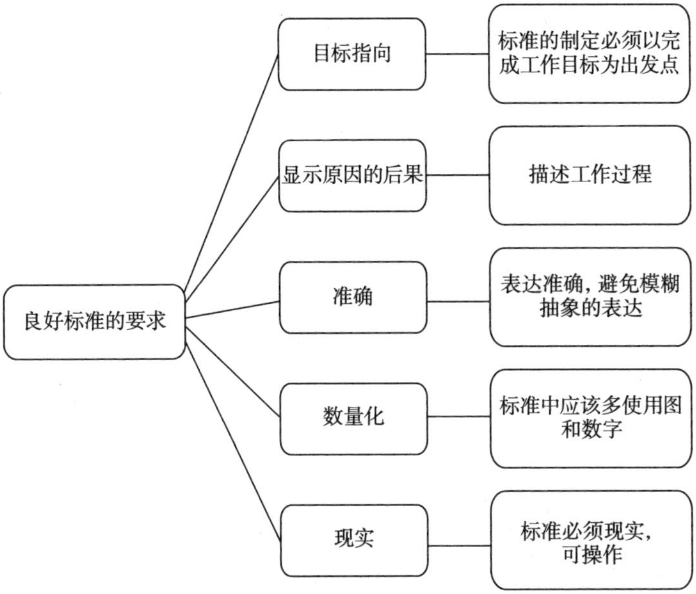

图 5－19　良好标准的要求

第二，D：Do，执行。即执行质量体系文件。根据发现的问题，找出相应的解决办法，安排相应的流程之后，马上实行。

第三，C：Check，检查。即质量体系的内容审核和各种检查。当实行解决办法之后，要及时收集、分析、检查解决方法是否达到了预期的效果。

第四，A：Action，总结。即通过对质量体系的评审，进行相应处置。通过检查，确定解决方法的有效性之后，就要将有效方法制度化、标准化为工作守则，并检讨工作成效，制定问题的解决方案。

企业通过实行 SDCA 循环能够优化现有流程，并使优化后的流程不断趋于稳定，高度适用于工作需求。

7 认识流程优化常见的核心问题

流程优化，就是要解决现有流程中存在的问题。流程中可能存在的问题多种多样，企业管理者可以在优化流程之前，大致了解其中常见的核心问题，对可能出现的问题有一个大致的了解，实际操作时就可以做到胸有成竹，避免在实际优化过程中发现问题措手不及。在了解流程优化时可能出现的核心问题时，首先，要了解流程本身可能存在的问题。其次，通过对这些问题的了解，可以让企业管理者在流程优化的实际操作过程中做到胸中有数。

通常，流程本身存在的问题有以下几类：

流程结构问题

如果从流程整体分析，可以发现流程结构中往往会存在以下问题：

（1）缺乏统筹，系统性差。工作流程中常常存在的问题就是对一些需要统一规划的工作缺乏整体考虑。例如，生产计划流程、销售计划流程、大修计划流程、备品备件计划流程、物料采购计划流程，必须根据企业特点，以生产或销售为起点，制定相关的系列计划。而有的工作流程却将这几个部门的工作流程分割开来，工作缺乏联系，从而造成工作不顺畅。

（2）关键流程缺失。这一问题主要表现在工作内容与工作流程不匹配方面。主要表现为有工作内容没有工作流程和因工作内容缺失导致的工作流程断裂两个方面。

（3）流程主体不明确。流程主体即执行流程以及对流程负责的相关部门或人员。流程主体不明确同样包括两种情况：工作流程没有明确制定负责的部门或者人员；一个工作流程由多个工作部门或人员负责，造成多头管理、责任不明。

（4）流程环节衔接不顺畅。流程环节之间的衔接会对流程的运行效率产生非常重要的影响。一些工作流程由于各个工作环节之间衔接不顺畅，导致上一个工作环节结束之后却无法顺畅地进入下一个工作流程。这样的情况会大大降低流程的工作效率。

（5）重复性高。在一些工作流程中，存在多个反复出现的工作环节或者子流程，这不仅会打乱工作秩序，还会浪费大量的工作时间。

流程环节问题

当缩小视角，对流程中的单个流程中的链条进行审视，就会发现流程环节中存在的一些问题。

（1）环节冗余。这是流程环节问题中最为常见的一种。工作环节冗余所带来的直接问题就是大量工作时间及人力被浪费，这样不仅无法提高工作效率，还会给工作造成诸多困扰。

（2）环节跳跃。指的是在两个工作环节之间，缺少了一个必要的步骤。如果工作流程中存在这样的问题，则会对工作质量产生不利影响。例如，在培训流程中，如果在制定培训计划与实施培训两个环节之间缺少了评估环节，则会导致培训无法落到实处，影响培训的效果。

（3）关键控制点缺失。指的是对于重要事项的控制环节缺失。例如计量仪器的购买缺乏质量部门的审核环节、劳保用品的发放缺乏超标审核等。关键控制点缺失，会导致工作结果不准确。

（4）信息反馈缺失。在一些工作流程中，可能存在缺乏信息反馈环节的情况。

（5）执行错位。指的是工作内容与工作执行部门不匹配。例如，在某企业的备品备件计划流程中，检修车间在上报备品备件需求计划时，还需要上报库存计划，而库存却是由仓储部门负责的。

流程节点问题

通常，流程节点中存在的问题无法通过分析工作流程图发现，而是需要针对流程的实际运行情况进行分析。流程节点的问题主要包括以下几点：

（1）工作缺乏计划性。这一问题常常出现在流程起点上。一些本来需要按照计划进行的工作，实际执行时却完全按照相关部门的工作需求进行，导致工作缺乏计划性，随意性较大。如在人员招聘时，招聘的标准完全是各个部门的人员要求，并没有按照人力资源部门的招聘计划进行。

（2）操作不规范。这是流程节点中常见的问题。当一个节点的工作缺乏明确的操作规范，就会导致实际操作缺乏标准要求，工作、结果不一致，影响工作质量。

（3）验收标准不明确。工作验收标准是控制工作质量的重要方式。工作流程中如果缺乏验收标准，就会影响工作执行效果。例如，生产过程中如果缺乏验收标准，就会影响最终产品的质量。

（4）信息缺乏。工作中常常出现某一节点工作信息缺乏的情况，导致这一节点的工作无法正常进行，影响工作进程。

（5）没有时间限制。工作流程要想顺利运行，就要保证每个节点的工作都在一定的时间内完成。如果某一节点的工作没有时间限制，就会影响整个流程的运行秩序。

（6）工作权限不足。如果流程中某一工作岗位的工作权限不足以完成当前的工作，那么将无法开展工作。

流程管理问题

（1）流程设计与企业战略不匹配。要想工作流程为企业发展提供帮助，流程设计就要符合企业的发展战略。如企业的发展战略是要急速扩张，那么在设计流程时就应该尽量减少流程中的关卡，提升流程运行速度。

（2）流程缺乏控制性。主要指的是企业管理者缺乏对流程的整体控制，导致工作流程中各部门分割严重，缺乏整体性与统筹性。

（3）缺乏制度保障。工作流程的有序运行离不开管理制度的约束。如果缺乏制度保障，执行流程中就无法规定员工的工作行为，保证工作秩序。

（4）缺乏考核措施。考核是提升员工工作积极性的有效方式。如果与考核配套的考核措施没有跟上，缺乏正负两个方向的激励，员工在执行流程时就会缺乏动力。

企业管理者在优化流程的过程中，要深刻了解流程优化过程中常见的核心问题，并在实际优化过程中有针对性地检查现有工作流程，发现并优化其中存在的问题。

下篇

标准要量化

第六章

设计标准分岗位，无形的工作要具化

完善的标准是获取完美结果的有力保证。通过将无形的工作要求书面化，给员工的各项工作提出明确要求。但是，由于工作内容千差万别，不同的工作岗位其工作标准有明显不同。在设计工作标准时，要分清岗位，将工作内容具体化、规范化，为每个岗位制定适合的执行标准，为员工的工作结果提供衡量依据。

1

可量化、可度量、可检查

设计工作标准的最终目标是要保证工作效果，实现工作目标。工作标准是为实现工作目标服务的，只有明确工作目标，才能确定相应的能够达成工作目标的工作标准。没有工作目标，工作标准就无从说起。所以，在设计工作标准时，首先要明确工作目标。而为了能够量化工作标准，则要求工作目标做到可量化、可度量、可检查。

目标量化才能执行，有执行才有标准

工作标准是体现在具体的工作执行过程中的，所以，要想工作标准能够量化，就要保证有具体、可执行的工作内容；而工作内容是由工作目标分解得出的，所以，要保证有具体、可执行的工作内容，就要保证工作目标能量化。不能量化的目标，是无法得到执行的。

某家位于北京的公司，准备开发杭州市场，所以决定去寻找经销商。由于新品上市初期，开拓市场做市场营销是非常重要的一项工作，所以，公司经过研究决定，派年轻、干劲十足的小刘和成熟、经验丰富的老李一起前往杭州寻找经销商，开拓新市场。

当小刘和老李来到杭州之后，对于工作，两人都分别有自己的想法，并且谁也说服不了谁。最后，两人决定分头行动。一心想着要开发市场这一“宏伟目标”的小刘，在没有做好工作计划的情况下便匆忙行动。为了不耽误时间，他走街串巷，在茫茫人海中匆匆前行，一个月下来鞋都磨破了，效果却很不尽如人意；而经验丰富的老李，并没有急于开始工作，而是将“开发市场”这一工作目标做了分解量化，并根据量化后的工作目标，为每个小目标都制定了工作计划，而工作计划中又包含了具体的工作标准。他制定的目标就是让自己公司的新产品在这个陌生市场中站稳脚跟，同时还不断地进行量化。比如，用一周的时间寻找客户资源以及制定合理的拜访计划，甚至连走的路线都做了安排。此外，他还对每个环节都进行了认真的研究分析，将自己以后每天需要做的工作都做了完整的规划。接下来，老李每天都按照量化后的工作目标和工作标准展开工作，最终在一个月之内顺利打开了市场。

从小刘和老李在开发新市场过程中的做法对比可以看出，如果工作目标不做量化，只有一个“宏伟目标”的话，是无法执行的，工作标准也就无从谈起。只有量化工作目标，并制定相应标准，才能一步步实现“宏伟目标”。

通过量化工作目标实现工作标准的量化，需要遵循以下几点（见图6－1）：

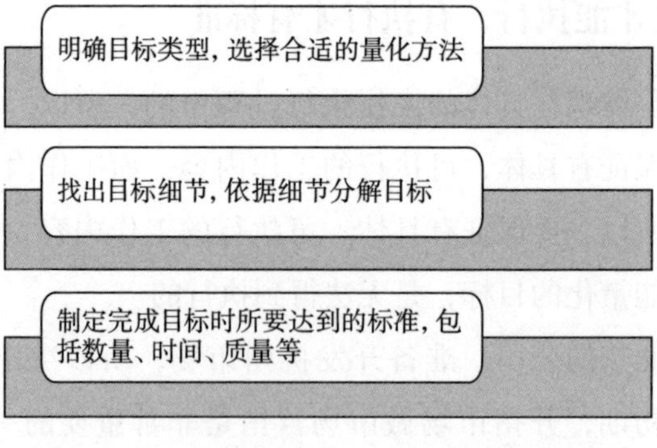

图6－1　如何通过量化工作目标实现工作标准

保证目标可度量

可度量的目标就是指目标应该是明确的，而不是模糊的。可度量的目标应该有一组明确的数据，作为衡量是否达成目标的依据。如果工作目标无法度量，就无法判断工作目标是否能够实现。由于无法度量的模糊目标没有一个固定的达成方式，工作标准自然就无法量化。

简是一家投资公司的人力资源部经理。为了提升公司员工的工作能力，简决定组织一次员工培训。但是，在确定培训的目标时，简将工作目标定为“为所有的新老员工安排进一步的培训”。面对简确定的这一培训目标，负责培训工作的人力资源部人员却犯了难。

“为所有的新老员工安排进一步的培训”是一个无法度量的目标，“进一步”是一个既不明确也不容易度量的概念。什么样的培训是进一步的培训？是不是只要安排了这个培训，不管谁讲，也不管效果好坏都叫“进一步”？面对这样无法度量的目标，具体的执行过程无法确定，工作标准也就无从谈起。

为了保证工作目标可度量，可以将工作目标修改为：“在××时间内完成对所有老员工关于某个主题的培训，并且在这个课程结束后，学员的评分在85分以上算合格，低于85分认为效果不理想。”通过这样可度量的工作目标，就可以制定具体的实现目标的过程，以及工作过程中的工作标准。

在检查目标的过程中实现标准量化

工作标准是检验工作质量与工作成果的依据。当工作目标可以检验时，才能实现工作标准量化。如果工作目标不能检验，就相当于工作目标缺少衡量依据，那么工作标准也就无法制定，更无法量化。

通常，一个可以检查的工作目标，主要指的是可以通过具体的数据、文字要求等将实际工作结果与预先制定的工作目标进行对比。而为了达到预先制定的工作目标，就要根据检查工作目标达成情况时的具体数据和文字描述，制定具体工作标准。这样，在制定工作标准的同时，也实现了工作标准的量化。

2

让标准执行者参与标准制定

很多企业存在一个相同的问题：企业管理者费时费力制定出的工作标准，却无法实行下去。将制定出的工作标准拿到员工面前，员工会觉得工作标准设置得不合理，要么过高，不切实际，员工根本无法达到；要么设置得过低，对于员工的工作行为无法起到约束作用，最终导致所制定的标准只能“挂在墙上”，而无法落实到实际工作中。这样的标准形同虚设，没有任何实际意义。

所设置的工作标准之所以会出现这样的问题，就是因为标准设置得不符合实际工作要求。而什么样的标准是最符合实际工作要求的呢？对于这一问题，最有发言权的就是一线的标准执行者。一线标准执行者是最了解实际工作要求的人，也是最了解工作标准是否适合实际工作的人。所以，为了制定出合适的工作标准，就要让一线标准执行者参与标准的制定。

小米手机在面世之初，就出现了非常火爆的销售场面，甚至一度闯入了国内手机市场前两名之列。而小米手机之所以能够取得这样的成绩，很大程度上有赖于其生产过程。小米手机让用户充分参与到手机的设计、制作与销售中，可以说，产品性能正是由其使用者决定的。

实际上，当用户参与到小米手机的制造过程中时，会感受到来自小米的对自己的重视与尊重，从而用户会产生极大的满足感。并且，由于小米手机的很多特性由用户直接参与设计，所设计出的手机自然会高度符合用户的期待与使用需求。这样的生产方式，使得小米手机的各项特性都与用户的需求高度吻合。可以说，让用户参与进来，是小米取得成功的重要因素。

小米通过让其使用者直接参与手机设计而设计出了符合用户期待的手机。同理，为了制定出符合实际工作要求的标准，就要让标准执行者参与到标准制定中。不断倾听来自标准执行者的意见，掌握实际工作需求，从而制定出合适的工作标准。

让标准执行者参与标准制定，具有如下诸多好处（见图6－2）：

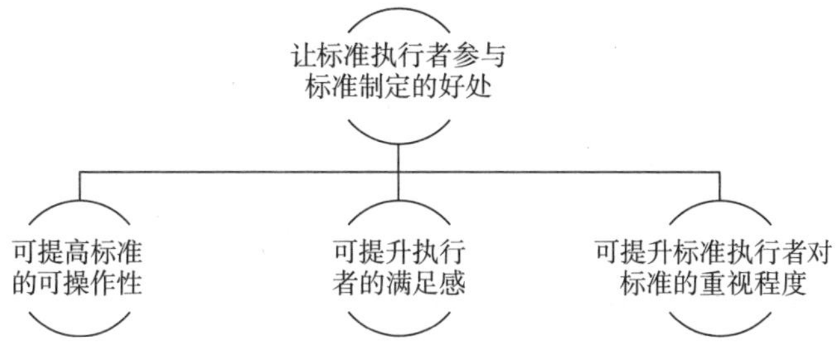

图6－2 让标准执行者参与标准制定的好处

要让标准执行者充分参与到标准制定的过程中，就要从各个方面提升标准执行者的参与度，加强企业管理者与标准执行者之间的沟通。

利用信息化手段加强与标准执行者的交流

现在是互联网时代，在企业管理中，也应该利用互联网提升管理水平。在制定标准方面，可以利用互联网提升标准执行者的参与度，从而加强与标准执行者的交流。

在制定标准时，企业可以利用内部网络开设关于标准制定工作的讨论专栏，不仅可以促进员工之间的交流，企业管理者也能够从中获取有价值的信息，为标准的制定找出依据。

在讨论专栏中，企业可以将有关标准制定需要研究和讨论的问题进行公布，让大家发表意见，也可以让大家在专栏中对自己认为重要的问题进行讨论，自由发表意见。值得注意的是，在这一过程中，企业管理者要积极参与讨论。企业管理者的讨论，不仅能够引起员工对于标准制定工作的重视程度，还能够提升员工的热情。

对员工的意见给予积极的反馈

让标准执行者参与标准制定，以提升标准的可操作性，就要让标准执行者在参与标准制定的过程中充分发表意见。为了保持标准执行者的热情，企业管理者就要做到在标准执行者发表意见之后，予以积极的反馈。对标准执行者所发表的意见给予积极反馈，能够提升标准执行者的热情，让标准执行者感觉到被尊重，又能促使其充分发表意见。

但是，积极的反馈并不代表对标准执行者的意见“照单全收”。积极的反馈主要表现在企业管理者对于标准执行者的意见的态度上，当标准执行者提出意见时，能够及时做出反馈，对于正确的意见要积极采纳，对于不合适的意见，也要及时给出不认同的理由，并做进一步研究。并且还要对提供正确建议的标准执行者给予一定的物质和精神上的奖励，对于提供不合适意见的标准执行者，也要对其态度给予充分肯定，避免其因为所提供的意见没有被采纳而丧失信心。

在企业与标准执行者之间建立利益联盟机制

让标准执行者积极参与到标准制定中，就要提升标准执行者对制定标准这一工作的重视程度。当这项工作与其自身利益息息相关时，其重视程度才会提升。所以，为了让标准执行者更好地参与到标准制定的过程中，就要在企业与标准执行者之间建立利益联盟机制。

在企业与标准执行者之间建立利益联盟机制，就是要将标准执行者的利益与企业的利益捆绑在一起。例如，当标准执行者提出好的建议时，可以获得相应的奖励；如果标准执行者不积极参与标准制定，导致最终工作标准不符合实际，而标准执行者还要按照该不符合实际的标准进行工作，那么无疑会给其之后的工作带来阻碍，影响其工作质量，减少其薪酬收入。通过在企业与标准执行者之间建立利益联盟机制，只有让标准执行者帮助企业设置好工作标准，才能保证所设计的标准符合实际，而标准执行者也能从中获益。

3

用数字化标准明确工作要求

在制定工作标准时，为了量化标准，就要用数字化的工作标准准确描述工作要求，也就是要为工作设置一个清楚明确的数字化的工作指标。而根据工作要求，可以用 QCDMSS，即质量和数量、成本、速度和效果、士气、安全、服务六项指标对工作进行全方位要求，以实现工作标准的数字化。

质量和数量要求

质量和数量是最直接的工作指标。在制定工作标准时，就应该对工作质量和数量做出明确规定。通过明确质量和数量要求，也能够在一定程度上量化工作标准，给工作人员提供明确的工作依据和工作要求。

工作质量就是按一定的作业标准完成的劳动量，在产品（包括工业、农业等）生产中没有达到规定的作业标准，就是不合格品，即没有达到规定所要求的产品，就不能上市销售，因而也就没有工作质量的保证；在服务行业中，没有提供规范化的服务，未能令顾客满意，就是不合格的服务。工作质量是工作标准中的一个重要指标。

某家生产公司在生产机床主轴时，对于机床主轴的质量做出了明确规定。其对于机床主轴加工过程中的三点质量要求如下（见图 6－3）：

其中，由于材料的刚度可通过弹性模量 E 值反映，因为钢的 E 值较大，所以，主轴材料首选钢材，并且首选中碳钢（如 45 钢），只有在载荷

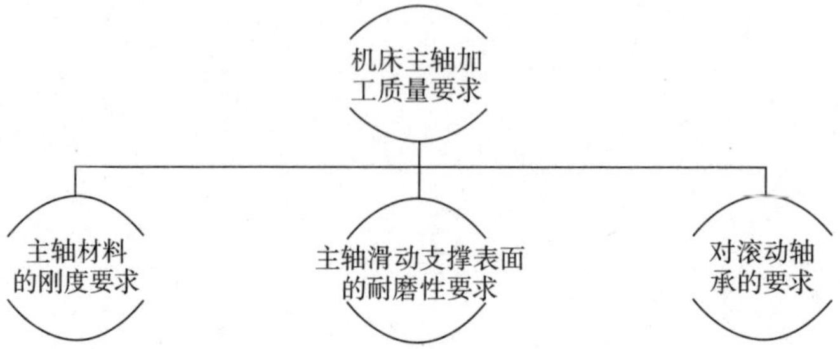

图 6－3　机床主轴加工质量要求

特别大和有较大冲击时，或者精密机床主轴，才考虑选用合金钢。而耐磨性要求则规定当主轴采用滚动轴承时，轴颈可不淬硬，但为了提高接触刚度，防止装拆轴承时损伤轴颈的配合表面，多数主轴轴颈仍进行调质或局部淬火处理。对于滚动轴承的要求则细化为转速与温升、寿命及承载能力、刚度和抗振性、噪声 4 个因素。

数量要求则是对于生产产品的数量做出的明确要求，例如，对于机床主轴的生产加工，具体需要生产多少件产品。

成本

任何工作都需要成本。制定工作标准是为了保证工作质量，并将利润最大化，所以，成本是工作标准中必不可少的一个要素。通过对工作标准中的工作成本做出明确规定，可以实现对成本的有效控制。所以，企业管理者在设计工作标准时，要对工作成本做出明确规定。

如企业要生产一种产品，在制定工作标准时，就要对生产成本做出明确规定，如生产成本要控制在 × × 范围内。

企业在确定成本时，主要是确定标准成本。产品成本一般由直接材料、直接人工和制造费用三大部分构成，标准成本也应根据这三大部分分别确定。直接材料成本是指直接用于产品生产的材料成本，它包括标准用量和标准单位成本两方面；直接人工成本是指直接用于产品生产的人工成本；制造费用可以分为变动制造费用和固定制造费用两部分。在确定标准成本时，可以通过标准成本单进行。在制定时，其中每一个项目的标准成本均应分为用量标准和价格标准。而用量标准又包括单位产品消耗量、单位产品人工小时等，价格标准包括原材料单价、小时工资率、小时制造费用分配率等，具体的制定方式如下（见图6－4）：

直接材料标准成本=单位产品的用量标准×材料的标准单价

直接工资标准成本=单位产品的标准工时×小时标准工资率

变动制造费用标准成本=单位产品直接人工标准工时×每小时变动制造费用的标准分配率

固定制造费用标准成本=单位产品直接人工标准工时×每小时固定制造费用的标准分配率

图6－4 标准成本的制定方式

速度和效果

速度和效果指的是工作完成的速度和实际效果。任何工作都有其时效性，并且对工作效果有一定的要求。所以，工作的完成速度和实际效果也是工作标准的重要指标之一。在制定工作标准时，要对工作速度和效果做出明确规定。

企业管理者在确定工作完成速度和工作效果时，要将速度和效果进行全面考虑，在平衡两者的关系中实现利润最大化，避免一味追求速度而忽略了工作效果，或者一味追求工作效果而放慢了工作速度。

士气

士气，指的是工作中团队成员的工作状态。员工工作状态的好坏对于工作质量和工作氛围会产生直接的影响。员工在工作团队中保持高昂的斗志，能够有效提升工作效率。所以，在制定工作标准时，要对团队成员工作士气做出明确的规定与期望，并在实际工作中不断提升员工的士气。

企业管理者要想提升工作士气，就要做到了解员工。通过了解员工在工作中的困难与问题，以及生活中的情况，实现对员工的了解，并且要学会激励员工。通过物质激励与精神激励两种方式，不断鼓励员工，提升员工工作士气。

安全

安全这一工作指标，不论在任何工作中都应是重中之重。所以，企业管理者在设置工作标准时，要着重对安全问题提出明确的要求。

例如，在打压试验罐（机组）工作中，就对安全问题提出了明确的要求。

第一，工作前。操作时应该按照规定穿戴劳保用品，佩戴护袖、隔热手套等，避免疲劳操作；电动试压泵必须保证时刻有油。

第二，工作中。实际操作应严格按照以下流程进行（见表6－1）：

表6－1　打压试验罐操作流程

（1）拆除打压罐端盖上的进水口堵头，查出罐体上的排气孔
（2）将打压制品整齐摆放在托板上并进行绑扎固定，送入打压罐体内，安装密封圈、闭合端盖并紧固周边螺栓
（3）经端上的进水口，向罐体内快速加水直至水满溢出
（4）用堵头封堵住进水口，关闭储水缓冲罐上端的出水阀
（5）启动电动试压泵，开始向罐体内注水，直至水从罐体排气孔溢出，此时关闭电动试压泵，上紧排气孔堵头后，再次启动电动试压泵，直至精确地达到所需压力，然后关闭电动试压泵
（6）保压过程中，如出现掉压情况则可再次启动电动试压泵以维持所需压力
（7）打压完成后，关闭电动试压泵，打开储水缓冲罐出水阀，直至压力表显示为零，关闭出水阀，拆除罐体排气孔堵头，卸掉罐体内的压力，并打开罐体端上的出水堵头进行排水，最后去掉罐体端盖周边螺栓，启开端盖，取出打压制品
（8）安装好端盖，上紧各处螺栓及堵头，关闭总电源

在这一过程中，操作者不得私自调整装备，如发现异样，应马上停机

检查，并注意定期对设备进行保养。

第三，工作完成后，要及时清理工作现场，保证工作环境整洁。

服务

服务主要是针对客户而言的。对客户的服务质量决定了企业在客户中的口碑。所以，企业管理者在设置工作标准时，要根据自身所处行业的具体要求，对服务标准进行准确描述。

4

标准制定要以职位说明书为基础

职位说明书，也被称为岗位说明书，是通过职位描述把工作实践经验归纳总结上升为理论形式，是指导性的管理文件。职位说明书通常包括职位描述与任职资格要求两部分。通过职位说明书中的职位描述，可以从中找出对该职位所负责的各项工作的相关要求，而这些要求，则是制定该岗位工作标准的重要依据。所以，在制定一个岗位的工作标准时，要以该岗位的职位说明书为基础，从中寻找、提炼出工作标准。

以制定酒店迎宾员的工作标准为例，在通过职位说明书制定工作标准时，需要按照以下要求进行。

从职位说明书中寻找工作内容

要以职位说明书为基础制定工作标准，首先要通过职位说明书确定该岗位的工作内容，然后从工作内容中找出具体的工作要求，从而以工作要求为依据制定工作标准。

酒店迎宾员的职位说明书如下（见表6－2）：

表6－2 酒店迎宾员职位说明书

职位说明书	
部门	前厅部
岗位名称	迎宾员
岗位编码	

续表

职位说明书	
直接上级	
下属	
工作关系	客人、现场服务人员
岗位职责	（1）按规定时间到岗，参加由前厅经理主持的班前例会 （2）做好营业前的各项准备工作，与上一班人员做好交接班 （3）掌握订台情况，熟记已预订的房间、宾客身份及要求 （4）按规定着装，站立标准规范 （5）客人抵达时，使用敬语表示欢迎，根据订台要求，按规范引导客人至楼层 （6）填写工作台卡 （7）与保安共同维护门前秩序，留心观察进出人员，如果发现可疑人员立即上报 （8）与预订处密切配合，如客人未事先预订或更改房间，要事先通知预订处，由预订处妥善安排，并做好向客人的解释工作 （9）客人离开时，礼貌道谢并送至门外
任职资格	（1）初中以上学历，女性，年龄24岁以下，身高1.65米以上，有迎宾工作经验者优先 （2）形象气质佳，性格外向，声音甜美，普通话标准 （3）有较强的服务意识和一定的服务礼仪知识，亲和力与沟通、表达、应变、协调能力较强
工作条件	现场前厅

通过酒店迎宾员的职位说明书，可以从岗位职责部分总结出其工作内容与具体的要求，而其中的工作要求，就是制定工作标准的重要依据。

通过细化工作要求制定工作标准

工作标准就是一个岗位的工作要求，通过细化工作要求，并将其用具体的文字表现出来，就是这一岗位具体的工作标准。所以，从职位说明书中找到工作岗位的具体工作要求后，就可以将工作要求细化，总结出工作标准。

如上述职位说明书中的“客人离开时，礼貌道谢并送至门外”这一工作内容，其工作要求是“礼貌道谢”“送至门外”。而在根据工作要求制定工作标准时，就可以将“礼貌道谢”“送至门外”进行细化，制定工作标准为：

（1）在客人用完餐离开餐厅时，要提醒客人是否带齐随身物品，并且主动询问客人是否打包。

（2）在客人离开时，要使用礼貌用语“谢谢光临！”、“请慢走，欢迎下次光临！”等，并联系泊车员为客人送车。

（3）如遇特殊天气，比如下雨，要及时为客人打伞并送客人到车上。

（4）目送客人离开。

由于迎宾员的工作主要分为迎宾和送宾两部分，所以，可以将酒店迎宾员的工作标准制定为以下内容（见表6－3）：

表6－3　迎宾员工作标准

迎宾员工作标准	
迎宾	（1）迎接客人前要做好站姿准备，挺胸抬头、收腹，双眼平视前方 （2）客人进入店内第一步，迎宾应主动迎上前，面带微笑，目视客人，并鞠躬30度。当遇到特殊节日，还应致以节日问候 （3）招呼客人时，要声音洪亮、柔和，给客人亲切的感觉，如果知道客人姓氏，要以姓氏加职称的形式称呼客人，如“×总”、“×主任”等 （4）迎宾应询问客人是否有预订包厢及人数，并根据实际情况合理安排座位 （5）带客时，应走在客人前方1.5米的位置，并配以“请”的手势，如遇地面有水或刚拖地的情况，应及时提醒客人“小心地滑”或“小心台阶”等礼貌用语 （6）若发现有腿脚不方便的客人应及时给予搀扶，及时帮助客人提物品 （7）客人入座时，要拉椅让座，并提醒客人保管好随身物品，马上为客人安排点单 （8）同其他服务员做好交接，并做好进客记录，准备迎接下一批客人
送宾	（1）在客人用晚餐离开餐厅时，要提醒客人是否带齐随身物品，并且主动询问客人是否打包 （2）在客人离开时，要使用礼貌用语“谢谢光临！请慢走，欢迎下次光临！”并且联系泊车员为客人送车 （3）如遇特殊天气，比如下雨，要及时为客人打伞并送客人到车上 （4）目送客人离开

通过职位说明书制定工作标准时，由于一些工作岗位的特殊性，还应

注意遇到特殊工序，例如焊接工、探伤工、锅炉工等的作业要求，应参照国家有关部门颁布的规定制定。

此外，为了保证所制定的工作标准符合实际工作需求，同时又能够通过实施工作标准，提升工作质量，并将工作效率最大化，在制定工作标准时，还应注意以下问题（见图6－5）：

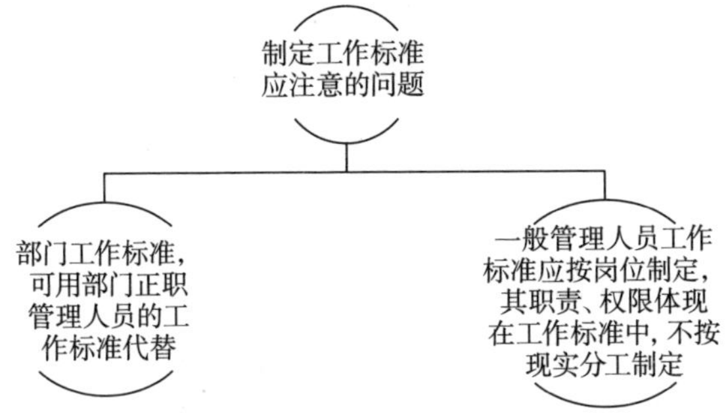

图6－5　制定工作标准应注意的问题

5 通过标准分类促进标准落实

在实际工作中，标准的种类有很多。其中，有些标准是准则性标准，即“不这样做就不行”。这样的准则性标准可以看作是工作中的“红线”，工作必须符合这一类标准；还有一些标准是“满意度”性标准，即为了提升工作质量而制定的工作标准，该类标准存在一定的弹性空间。总体来说，不同的工作标准由于性质不同，在工作中的具体要求也有明显不同。在量化标准的过程中，为了保证工作标准能够更加符合实际工作情况，就要在制定标准时按照标准的性质进行分类。

明确标准的种类

要想通过标准分类来促进标准落实，首先就应该明确工作标准具体分为哪几类，然后才能根据实际情况，将标准进行准确分类。

通常，我国的标准可以分为以下四类：

第一种，国家标准，是指需要在全国范围内统一的技术要求，由国家标准化管理委员会编制计划、审批、编号、发布。国家标准代号为 GB 和 GB/T，其含义分别为强制性国家标准和推荐性国家标准。通常，国家标准属于准则性标准。

第二种，行业标准，是指国家标准中没有明确规定，但是又需要在全国某个行业范围内统一的技术要求。行业标准是国家标准的补充，如果有相应的国家标准实施后，该行业标准应该自行废止。行业标准由行业标准归口部门编制计划、审批、编号、发布和管理。行业标准的归口部门及其所管理的行业标准范围，由国务院行政主管部门审定。

第三种，地方标准，是由省、自治区、直辖市标准化行政主管部门统一编制计划、制定、审批、编号发布的标准，其制定范围包括食品卫生、环境保护、法规规定等。地方标准分为强制性与推荐性两种。

第四种，企业标准，是对企业范围内需要协调、统一的技术、管理和工作要求所制定的标准。通过企业标准，能够完善企业的工作要求，提升工作质量。企业标准不能低于相应的国家标准。

企业管理者在设计工作标准时，需要明确工作的 4 种不同种类，针对不同的工作选择、制定合适的工作标准。

确定准则性标准，明确工作“红线”

通过标准的分类可以看出，实际工作中，很多工作标准都是准则性标准。准则性标准不能随意更改，企业在工作中，必须要严格遵守准则性标准。所以，在工作中，制定工作标准时，应当首先明确所要制定标准的工作中有没有准则性标准。如果已经有准则性标准，则实际工作中，要严格按照准则性标准来进行工作。

C 公司是一家皮革生产企业，由于生产中会产生大量污水，所以，C 公司的管理者决定为公司的污水排泄制定相应的工作标准。但是，C 公司的管理者在制定工作标准时，并没有考虑国家是否已经出台了关于环境保护的污染物排放标准和环境质量标准，仅根据自身企业的需求制定了一些污水排放标准。

当 C 公司的员工按照公司制定的污水排放标准进行污水排放后，却遭到了有关部门的制止，并勒令其停业整改。原来，关于污水排放，国家早已经制定了相关的排放标准，C 公司在进行污水排放时，虽然符合自身企业所制定的标准，但是并不符合国家的相关准则性标准，因此遭到了有关部门的制止和调查。

通过 C 公司的案例可以看出，企业管理者在制定工作标准时，首先应该明确相关的国家准则性标准，明确工作“红线”。并且，企业中的管理部门应该作为检查“红线标准”的责任者，对实际工作的标准达成情况做好监督，不能怕得罪人，不能等到出现严重后果后，再去追究责任，以免影响企业的正常运转。

提高“满意度”性标准

在工作标准中，除了有一部分准则性标准外，还有很大一部分标准属于“满意度”性标准。这类工作标准并没有强制性，企业管理者在制定这一类标准时，可以根据企业需求，制定合适的“满意度”性标准。

张品是一家公司的销售主管。在制定销售人员的工作标准时，张品在明确了准则性标准后，对于一些适合“满意度”性标准的工作，张品则根据实际工作需要，制定了一系列“满意度”性标准。例如，在销售技巧方面，张品为了提升销售人员的销售量，制定了“销售产品时要严格遵循销售技巧”这样的工作标准；而在售后服务方面，则制定了“每周必须对客户进行回访”的工作标准。通过制定这些标准，能够不断提升销售人员的工作质量，进而提升公司的知名度与销售额。

企业管理者在制定“满意度”性标准时，要根据实际情况，适当提升标准的程度，使员工需要通过一定的努力才能够达到标准。这样，一方面，能够给员工提出一些挑战；另一方面，当员工达到工作标准时，工作质量也会得到相应的提升。

为了促进标准的落实，应该设置一些奖惩制度，通过将落实工作标准与奖惩联系起来，可以进一步促进员工工作标准的落实。同时，为了保证标准的合理性，管理者在制定工作标准时，还应注意以下几个问题（见图6－6）：

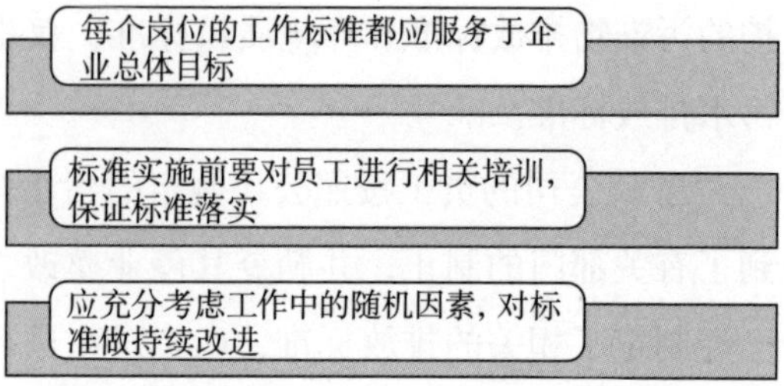

图6－6 制定工作标准时应注意的问题

下篇 标准要量化

第七章

实施标准听指令，不要99%要100%

标准实施是很多企业管理工作中的难点，标准实施不到位使工作标准只能“挂在墙上”。之所以会出现这样的情况，根本原因在于标准执行指令不明确。所以，管理者要根据既定标准准确描述每项工作的指令，让员工知道做什么，怎么做，做到什么程度，以此保证工作效果。

1

将工作指令量化为具体的文字与数据

实施标准的过程中，管理者需要根据事先制定的工作标准，以及具体的工作需求，确定每一次的工作指令。通过给员工下达工作指令，员工在按照工作指令完成工作的过程中，就能够将工作标准实施在实际工作当中。

目前，很多企业在下达指令方面存在一个通病，即高层在确定工作要求之后，没有制定明确的工作指令，导致高层的指令与意图无法得到完全的输送，而员工也无法正确理解上级领导的意图，从而在执行层面出现了偏差。而为了能够保证标准的实施，管理者需要在描述工作指令时，量化工作指令，通过具体的文字与数据，让员工能够迅速、准确地理解工作指令。

用明确的数据限定工作执行结果

在把工作指令量化为具体的文字与数据的过程中，要在工作指令中用明确的数据限定工作执行结果。通过对工作执行结果做出明确限定，员工在执行工作指令时，就有了明确的工作方向与目标，即避免了由于工作指令中未明确工作结果而导致工作结果不符合要求的情况发生。

艾雪是一家食品生产公司的生产经理，为了让员工能够准确理解工作指令，艾雪非常注重量化工作指令。而艾雪在量化工作指令的过程中，一个非常重要的方法就是用明确的数据限定工作执行结果。例如，在一次下达关于下一季度的生产要求的指令时，艾雪这样表述：“下一季度的生产量要比上一季度增长15%，产品次品率要控制在1%以内。”艾雪通过用15%、1%这样明确的数据对下一季度的产品生产结果做出了明确的限定，使得员工能够在第一时间准确理解上级领导通过工作指令传达出的工作信息，从而明确工作要求与工作方向，并最终取得理想的工作效果。

所以，管理者在确定工作指令时，要用数据表达工作结果，对工作结果做出准确限定。

用文字准确描述工作要求

要想让员工准确理解工作指令，准确的文字表述是关键。大部分的工作要求都要通过文字表现，如果指令文字表现不准确，将会大大增加员工理解的难度。但是，在实际工作中，很多企业都存在工作指令中文字表述不准确的问题。

在某家化妆品公司内部，销售部经理为了提升销售业绩，做出了工作指令，其将工作指令做了如下表述：“为了提升销售业绩，所以公司做出了一些工作调整，做出了新的工作要求。从下个月开始，每个销售员的销售业绩都应该较之前有明显的提高，提升销售水平，做好客户沟通，不断提升自己的销售业绩。”虽然销售部经理做出了工作要求，但是销售人员的销售业绩仍然没有提升。为此，销售部经理感到很苦恼，认为自己已经做出了工作要求，但是销售业绩仍然很低。

其实，从这名销售部经理所做出的工作指令中可以看出，工作指令缺乏准确的文字表述，诸如“明显的提高”“做好客户沟通”“提升销售水平”等，都是非常泛泛的描述，没有做出准确的要求，员工自然无法准确理解。而如果用准确的文字描述，例如，将“提升销售水平”表达为“掌握与客户沟通的技巧，深入了解产品的特点，在销售的过程中迅速找到与客户相关的产品卖点”，员工就能够知道从哪些方面努力，以提升自身的销售水平，工作方法也会更加明确，自然能够取得良好的工作效果。

管理者在用准确的文字描述工作指令时，要做到以下几点（见图7-1）：

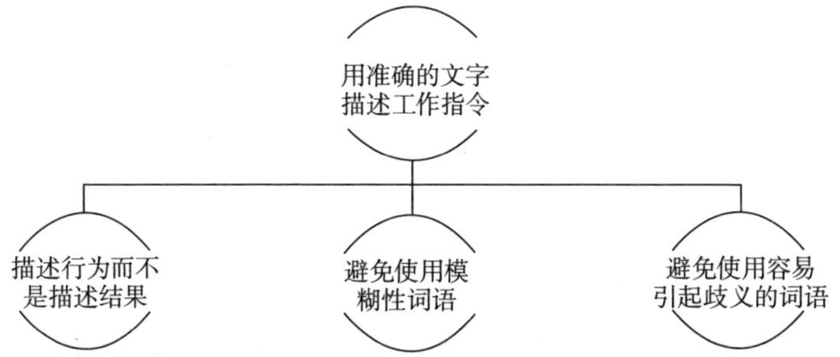

图 7－1　如何用准确的文字描述工作指令

对工作完成时间做出明确限定

工作不只讲求质量，同样讲求效率，在保证质量的同时提升效率，是管理的最终目标。所以，管理者在下达工作指令时，不仅要对工作质量做出限定，还要对工作完成时间做出明确限定。如果工作指令中缺乏对工作完成时间的限定，那么工作指令就失去了意义。

张静是一家公司的部门经理，一次，由于公司没有复印纸了，张静便找部门员工小刘去买复印纸，在给小刘下达工作指令时，张静做了如下描述："小刘，公司没有复印纸了，你去买×份×型号的复印纸吧。"张静认为自己的工作指令表达得非常准确，一定不会出错。但是，一天过去了，张静需要复印一些文件的时候，发现复印纸还没有买回来。张静感到非常生气，马上找来了负责买复印纸的小刘："小刘，我不是告诉你让你去买复印纸吗？买什么型号的，买多少，我都告诉你了，你怎么还没有买回来？"听到经理严厉的质问，小刘感到非常委屈，解释道："经理，您跟我说买复印纸的时候，虽然告诉我买什么型号的和买多少，但是并没有说什么时候买回来。昨天刚好有别的工作，我就先做了别的工作，打算今天去买纸。"听到小刘的解释，张静意识到是因为自己没有给其限定明确的完成时间才产生这样的结果。

通过以上案例可以看出，如果在下达工作指令时，没有对完成工作的时间做出明确限定，就很有可能影响工作结果。所以，在量化工作指令的过程中，一个重要的内容就是对工作完成时间做出明确限定，以保证工作效率。

2 任务分解既要条理清晰也要进度明朗

在实施标准的过程中，对于工作任务的分解至关重要。每一项工作任务都伴随着相应的工作标准。如果工作任务分解不合理，员工在实际工作中就无法清楚了解每一个环节的工作，工作标准自然无法落实到实际工作中。所以，为了保证工作标准的实施，做好任务分解是一项非常重要的工作。而为了让员工能够明确工作任务与工作目标，以及达成工作目标所需要的相应工作步骤，就要保证任务分解时条理清晰、进度明朗。

确定任务范围，明确要做什么

要想进行任务分解，就要明确任务范围。只有确定了任务范围，才能对工作任务做出合理的分解。在确定任务范围时，可以通过两种方法从不同的方向确定任务范围。

第一，内插方法。这一方法主要是从长期的目标倒推现阶段最重要的工作内容是什么，在确定了当下最重要的工作内容之后，就可以根据工作内容倒推出现阶段的核心任务，从而确定具体的任务范围。

某家化妆品公司销售部门的长期工作目标是提高产品的销售额，同时要提升产品的知名度。根据这一工作目标，可以倒推出现阶段最重要的工作任务是扩大客户范围，提升产品质量，以达到提高产品销售额及提升产品知名度的长期目标。

第二，外延方法。这一方法主要是从过去已经发生的事情出发，扩展到现阶段的工作。例如，在上一季度中发现了哪些需要在现阶段解决的问题，然后确定相应的解决办法，即任务范围。

在确定任务范围时，要以实际的工作情况为基础，确定符合现阶段工作要求的任务范围。

将任务拆分为具体的结果

面对明确的工作任务，理想的任务分解，就是要将概念化的工作任务与工作目标分解为具体的工作结果，即在一个确定的工作目标与工作任务的前提下，需要做出什么样的具体的工作结果，能够最终实现工作目标，达成工作任务。

而具体的工作结果，就是任务分解过程中可以量化的内容。通常，一个具体的工作结果可以量化为“××率达到××%”的形式。而为了真正在实际工作中实现这一量化过程，就需要找到可以保证并最终衡量工作效果的方法。

实际工作中的各种不确定因素，导致工作中有很多不可控性。所以，为了尽可能地保证工作任务量化的效果，就要在工作中巧妙使用各种文档。

每一项工作在完成过程中都需要用到各类文档，在量化工作的过程中，通过文档，可以将工作量化，反映实际工作状态。并且，通过文档还可以追责，以最大限度地监督员工的工作情况。

所以，在分解任务的过程中，可以利用工作文档把控工作过程，保证每项工作的量化情况。同时，为了保证任务分解的有效性及清晰度，一个大的工作目标通常分为3个小目标，每个小目标又分为3个子目标。

C公司是苏州的一家商贸公司，其生产部门2017年第三季度的工作任务为“产品合格率达到99.5%”。生产部门的主管认为，如果只是将“产品合格率达到99.5%”这一工作任务下发给员工，而不做任务分解，那么工作任务就无法量化，员工也无法从工作任务中得知自己应该做哪些工作。为此，C公司生产部门的主管将“产品合格率达到99.5%”这一工作任务做了分解量化。将“产品合格率达到99.5%”分为控制生产原料质量、生产过程中严格按照规定操作及产品生产出来后的质量检查3个方面的工作目标，并且在实际工作中，还设计了多种工作文档，每一个关键环节都要填写相应的工作文档。通过这样的方式，将工作任务进行分解量化，并使用工作文档对工作过程实现了有效控制。

确定工作目标优先级

在企业经营过程中，通常同时存在多个工作目标。在任务分解过程中，如果不能将工作目标按照轻重缓急进行排序，确定工作目标的优先级，工作秩序就会被打乱，员工在工作中就会表现得无所适从。

实际上，在工作目标中，有的是核心目标，有的则不是核心目标，即可以适当推后。并且，为了保证企业工作的效率，企业管理者要有意识地推进一些重要而不紧急的事情。所以，企业管理者在任务分解的过程中，要有全局意识，根据二八原理（一个事物20%的特性决定了事物80%的重要性，应该把80%的时间花在20%的事情上），在更长期的执行尺度上来理解事情的优先级。

将工作任务量化到每个工作日

在上文中，可以看出在将工作任务分解量化的过程中，需要将一个大的工作目标分为3个小目标，而每个小目标又可以分为3个子目标。但是，仅有工作目标是无法让员工准确理解工作内容的，所以，在将工作任务分解为工作目标后，还需要做可执行化任务分解。

所谓可执行化任务分解，分解的重点是每个员工具体的工作目标。为了将工作任务做到最大限度的量化，就要将工作任务量化到每个员工的每一个工作日。利用工作文档，将每个员工每一天的工作内容列出来，显示在工作文档中，员工每一天的工作文档都会随着其工作的推进而发生变化。通过这样的方式，不仅量化了工作任务，让员工真正明确了自己在每一天应该做什么；而且当员工看到自己工作文档中每天的工作任务都在发生变化，会产生一定的成就感，有利于提升员工的工作积极性。

除此之外，为了保证任务的执行率，企业管理者还可以对员工的工作推进情况进行跟踪，监督员工的工作。

3 执行可视化，消除信息死角

在实施标准的过程中，为了保证工作标准能够得到落地实施，企业管理者就要对工作过程进行一定的控制。在实际工作中，一项工作的完成和一个标准的实施，需要多个方面的综合努力。但是，工作时间较长，或是工作中出现了不可预期的困难与问题，往往会影响工作标准的实施与工作任务的完成。在这样的情况下，将工作执行的过程可视化，能够有效消除信息死角，保证工作进程在企业管理的控制之下。

精准分解并把握工作过程，提升显性化能力

显性化能力在执行可视化中是最基础也是最关键的能力，指的是分解工作与量化工作的成果能力。通常，显性化能力主要包括以下 3 个方面的内容（见图 7－2）：

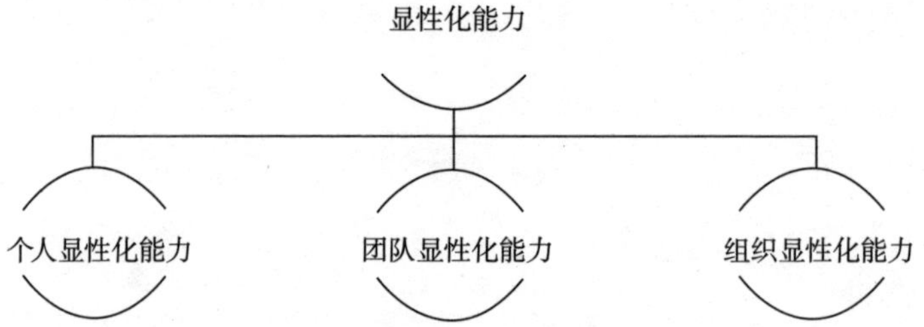

图 7－2　显性化能力的构成

在执行可视化的过程中，只有对工作要求有准确的把握，对工作内容有完整的理解，对所需资源有全面的分析，对工作完成方法步骤有合理的梳理，对各阶段性和最终成果质量有清晰的认识，才能完成工作的分解和成果的量化。为了达到这样的目的，就要求企业管理者能够分析工作环境，了解完成工作所需的资源，并精准分解、把握工作过程。

为了达到精准分解并把握工作过程，提升显性化能力的目的，要在工作中做到以下几点：

第一，深入了解当前的工作环境。通常，工作环境主要指的是现有工作条件、人员配备、技能水平等。工作环境对于工作过程具有非常明显的影响。为了实现执行可视化，就要在工作之前对当前的工作环境形成一个清晰的认识。当对工作环境有了清晰的认识后，对于工作过程的认识就会更加透彻，也更加便于执行可视化。

第二，了解完成工作过程需要的资源。通常，要想达到一个工作目标，获得工作成果，需要各方面的资源支持。在工作实施之前，充分了解完成工作所需的资源，以及实际能够提供的资源，能够让企业管理者在工作执行过程中做到更加胸有成竹，预见工作中可能出现的各种情况，对工作过程实现有效控制。

第三，分析工作过程，全面掌握工作情况。要想实现执行可视化，加强对于工作过程的了解是关键。而要想了解工作过程，掌握工作情况，就要了解如下几个方面的内容。

首先，要分清工作目的，明确为什么要做这项工作。在明确工作目的之后，就可以消除工作中不必要的工作环节，让工作过程变得一目了然。其次，要明确工作地点。工作地点是工作中的一个重要因素。明确了工作地点，就可以查看是否可能将一些工作活动合并。再次，要明确工作顺序。明确工作顺序对于实现执行可视化具有重要作用。通过明确工作顺序，可以按照工作顺序对工作的进度进行检查控制。最后，要了解参与工作的相关人员。执行可视化的一个重要内容就是对工作人员的监督。只有做好对相关工作人员的监督，才能对其工作行为做到有效控制，真正实现工作执行可视化。

在适当的时间与适当的人就适当的内容进行沟通

要想实现执行可视化，沟通是必不可少的因素。通过沟通，不仅能够让企业管理者了解各方面的工作情况，还能对工作的各个方面进行协调，以保证工作任务能够更好地完成。所以，要想实现执行可视化，就要做到在适当的时间与适当的人就适当的内容进行沟通。

企业管理者在工作过程中的沟通协调，主要指的是为调整工作方向，达到观点、理念的基本一致，或者为了使任务更好地完成，企业管理者对某一特定问题与有关人员联系，彼此交换意见，以保持双方的和谐与融洽。通过与工作中各有关方面的沟通协调，能够保证工作的顺利进行，同时使得企业管理者对各方面的工作情况有深入的了解。

企业管理者在沟通的过程中，为了取得沟通的良好效果，需要注意以下几个方面（见图 7－3）：

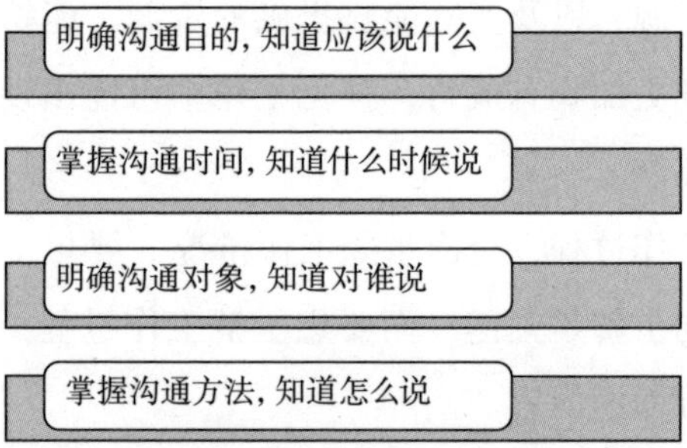

图 7－3　取得沟通良好效果需注意的几个方面

在沟通过程中，除了上述需要注意的问题之外，企业管理者还要准确理解企业决策，了解各有关方面的工作进度和工作中存在的问题，并积极协调各有关方面，帮助其解决工作中出现的问题，在沟通与协调中提升工作效率，并实现对工作过程的了解与监督。

利用信息化工具实现对工作的实时监控和统计分析

由于当今工作环境变化非常快，影响因素纷乱冗杂，工作中面临的问题千头万绪。因此，在这样的情况下，如果仅依靠沟通，是很难实现执行过程可视化的。除了企业管理者的沟通协调，还需要一些信息化工具加以辅助，以帮助企业管理者实现对工作过程的监督控制，通过将工作过程中产生的流程、表单等进行统计，将各项工作进行拆解和关联，从而实现执行的可视化。

常用的实现执行可视化的信息工具为柔性执行系统。柔性执行是在融合多种先进管理理念的基础上，通过企业不断深化管理实践，为充分应对企业内外部环境变化而提出的一项创新管理思想和工具。它能可视化工作要求、流程、表单，完全依据企业现状和要求进行工作的拆解和关联，完全明确职责权限到岗到人，轻松实现实时监控和分析统计，并自动呈现和保存知识成果，同时实现点到点、点到面的跨职能、跨部门、跨地域的无边界沟通，真正透明化执行全过程，打造企业核心竞争力，助力企业可持续发展。柔性执行系统的关键点有以下几点（见图7－4）：

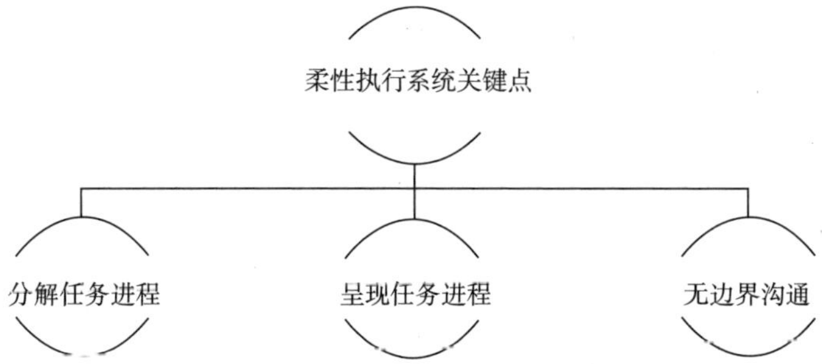

图7－4 柔性执行系统的关键点

4

将日常工作制定成量化明细表

要想实现工作标准的贯彻实施，就要将工作标准落实到实际工作中。每一项工作都要按照既定的工作标准完成。但是，实际工作中，职场人士每天都会做多项工作。在这样的情况下，为了让员工能够明确自己每天应该做的工作，并且严格按照既定标准实施，就要将日常工作制定成工作量化明细表。通过工作量化明细表，将员工每天要做的工作按照一定的逻辑顺序进行排列，使员工能够对自己一天之内的工作了如指掌，标准实施起来自然就会更加有力。

明确每天的具体工作内容

要想将日常工作制定成工作量化明细表，就要明确每天的具体工作内容，否则制定工作量化明细表就无从谈起。只有明确每天具体的工作内容，才能将其依次列出，作为制定工作量化明细表的依据。

在实际工作中，处于不同岗位的员工，每天所做的工作有明显的不同。所以，在制定工作量化明细表时，每个员工都应该对自己所处的工作岗位以及工作职责有一个清晰的认识，对于自己需要做的工作，有明确的安排。

张凯是一名土建工程师，为了明确自己每天所需要做的工作，并将工作标准实施在实际工作中，张凯决定根据自己的日常工作，制定工作量化明细表，以让自己的工作变得更加有条理。

在制定工作量化明细表之前，张凯对自己每天需要做的日常工作做了总结。经过梳理，张凯最终确定了自己每天需要做的工作主要有三项：协调工作现场、撰写工作日志以及分部、分项做工程巡查。此外，每周三还要参加工作例会，每周对工作进行一次小范围检查，每月对工作进行一次大范围检查，并且还要随时根据工程进度完成阶段性的专业工作。

通过对自己工作的梳理，张凯明确了自己每天、每周、每月的固定工作以及随时需要做的工作，这也是制定工作量化明细表的主要依据。

明确工作量化明细表的格式

在将日常工作制定成工作量化明细表时，除了要对每天需要做的工作进行明确之外，还要明确工作量化表的基本格式。

为了最大限度地发挥工作量化明细表在标准实施过程中的作用，要对工作量化明细表的格式进行严格规定，以保证员工在实际工作中，能够通过工作量化明细表提升工作效率与工作质量。通常，工作量化明细表需要包含工作周期、时间、工作内容、完成标准以及备注五项内容。明确各项工作的周期、时间、工作内容以及具体的工作标准，就能够让员工明确自己应该在什么时间做什么工作，具体怎么做，需要达到什么样的标准。通过对工作要素进行明确，可以让员工对自己每天需要做的工作一目了然，从而提升工作效率。

制定工作量化明细表

土建工程师张凯在明确了自己每天具体的工作内容及工作量化明细表的格式之后，制定了适合自己的工作量化明细表（见表7-1）。

表7-1 张凯制定的工作量化明细表

工作周期	工作时间	工作内容	完成标准	备注
日	每日	协调工作现场	参加现场土建工程的日常管理工作，协调其他专业工程的现场配合工作	

续表

工作周期	工作时间	工作内容	完成标准	备注
		撰写工作日志	完成现场土建工程施工日志的准确记录，记录当天的施工情况，包括：施工人员变动、新进材料或设备、监理公司工作情况、周边环境异常（如停水、停电等）等；涉及土建工程方面的技术变更、施工返工等关键事项，必须做出详细记录	
		分部、分项做工程巡查	每日至少对工作点巡查两次（上午、下午至少各一次），确保重点部位及关键工序做到巡查各工作点100%	
周	每周三	参加工作例会	参加每周的现场施工协调会议，审查监理工程师的监理日志、土建工程资料审核和其他文件资料	
		对工作进行一次小范围检查	每周根据现场实际情况，会同监理、各专业施工单位进行小检查	
随时		根据工程进度完成阶段性专业工作	(1) 参加土建工程现场的签证、技术核定单、工程量的审查确认，确保土建工程项目成本控制目标的实现 (2) 根据工程进度计划对土建工程的进度进行监督、检查，并根据情况提出调整意见 (3) 根据合同的约定、设计图纸及相关规范规程的要求，严格监督土建工程项目施工质量，参加土建工程及材料设备进场检查验收 (4) 施工管理工作内容包括开工前地质勘查、三通一平、图纸会审、设计交底；施工隐蔽验收、轴线和标高的复核、设计变更、质量控制、进度控制过程中的技术和质量问题处理；施工组织协调工作；参加基础、主体、竣工验收 (5) 协助项目经理进行土建工程项目的管理工作，负责公司工程项目运行中基础、主体结构、装饰装修等分项工程的技术管理工作，负责对本专业工程项目进行有效的质量、进度、成本控制、文明施工管理、合同（涉及土建工程部分的合同）管理、信息管理工作 (6) 参加现场土建工程合同管理，严格执行土建工程合同规定，确保土建工程合同履约完成，协助处理土建工程合同实施执行过程中的纠纷、索赔等事宜 (7) 参加现场建设单位、监理工程师、土建工程承包商之间的信息交流、信息传递和信息处理的管理事宜	
月		对工作进行一次大范围检查	每月、每季度根据现场实际情况，会同监理、各专业施工单位进行大检查	

5 避免无效指令，减少时间浪费

工作指令是指挥员工行动的依据，通过给员工下达工作指令，能够让员工迅速了解自己的工作任务。但是，如果在下达工作指令时出现不合适的指令，不仅下属无法理解上司的意图，其工作也无法产生实际的价值，最终只能浪费宝贵的工作时间与资源。所以，企业管理者在下达工作指令时，要有意识地避免不合适的指令。

下达指令前检查指令有无必要

无效指令的种类有很多，其中最直接的一种就是所下达的指令并没有下达的必要。企业管理者通过下达工作指令，一方面可以告知下属应该做什么，同时也要把要求下属完成的工作内容、标准要求以及应该承担的责任和奖励承诺通过沟通传达给下属，保证员工能够准确理解管理者的意图，并激发其工作积极性，顺利完成工作。但是，在下达工作指令时，企业管理者应该注意下达指令的方式，避免出现无效指令。下达没有必要的指令，会严重浪费工作时间，影响员工的工作积极性。

约翰是一家外资企业的中层管理者，在管理中，约翰不可避免地要给下属下达一些工作指令。但是，在下达工作指令方面，约翰却没有足够的重视，认为工作指令只是要求下属工作的一种手段而已，可以随意下达。但是，正是因为约翰的这种错误认识，导致其在下达指令时出现了错误。

约翰平时的工作非常忙，一天，正当他忙得焦头烂额时，突然有一件紧急的事情需要他去处理，但是，约翰认为这件事情虽然紧急，却不是特别重要。于是，处于忙碌中的约翰就随手将这件工作安排给了他的下属，让下属去做。但是，由于这位下属从未接触过这一工作，对于各方面的人员情况都不了解，所以，为了完成工作，他需要不断地询问约翰。约翰不堪其扰，结果整件事完成，约翰接受下属询问的时间实际比其亲自处理这件事情所耗费的时间还要长。这表明，约翰对这位下属所下达的工作指令是无效指令，完全没必要。

约翰是一个见不得下属闲下来的上司，每当他发现下属有空当闲着的时候，他就会找一些没有意义的工作让员工处于不断的忙碌状态。但是，实际上，这些没有意义的工作看似让员工很忙碌，却不能给企业创造任何效益。

由于约翰在下达工作指令方面的失误，导致员工逐渐开始怀疑其管理能力，对其变得越来越不服气，不但其下达的工作任务不能认真完成，自身的工作积极性也受到了影响。

实际上，约翰的下属之所以出现这种情况，就是因为约翰下达的工作指令大多是一些没有必要的指令，不仅浪费了工作时间，影响了他在下属心目中的形象，还使得员工对自己的工作能力产生了怀疑，百害而无一利。

为了避免出现与约翰类似的问题，企业管理者在下达工作指令之前，就要审视所下达的工作指令是否有必要，避免下达无效指令。

下达指令时要抓住指令要点

企业管理者在下达工作指令时，要抓住要点。工作中，在很多情况下，由于工作指令非常简单，员工并不能准确、全面地理解其中所包含的全部意图和信息，这时，就要求企业管理者在下达工作指令时，要抓住工作指令的要点，并向下属交代清楚。

小张在一家公司的采购部做采购员。工作中，经常需要根据上级领导的工作指令工作。但是，小张却常常因为没有准确理解上级领导的工作指令而工作做不到位，时间久了，便引起了上级领导的不满，这样的情况也让小张感到非常苦恼。

一次，采购部主管给小张下达了一条工作指令：“小张，你去采购一批办公用品。”但是，仅凭这一条工作指令，小张并不知道自己具体应该做什么。小张只知道需要采购一批办公用品，但是具体要采购什么，采购多少，工作指令中却没有说明。思索再三，为了工作不再出错，小张鼓起勇气向主管询问：“主管，请问您说的采购办公用品具体是要采购什么？采购数量是多少？”采购部主管听完小张的询问，马上意识到了问题出在自己在下达工作指令时没有说明要点。于是，采购部主管对小张说道：“小张，这次的错误在我，因为我没有说明要点，导致你不知道怎么做。需要采购的办公用品是签字笔、复印纸。签字笔要50支，复印纸要500张。”听完主管这样要点明确的指令后，小张马上明白了自己应该怎么做。

企业管理者在下达工作指令时，为了避免发生上述问题，就要在指令中点明要点，向下属讲明需要怎么做，要达到什么样的目的。总的来说，在下达工作指令时，应该满足以下要求（见图7－5）：

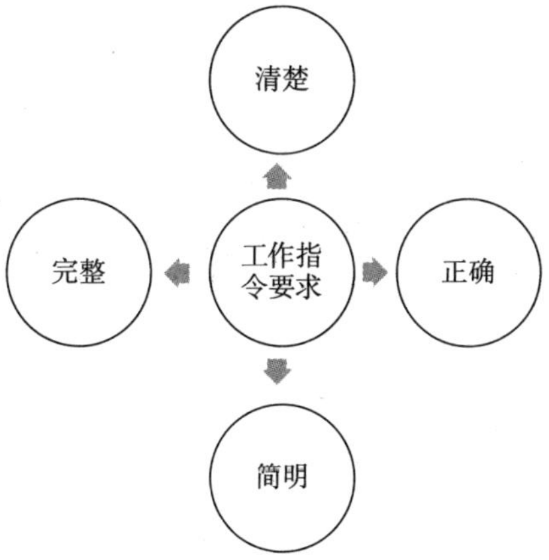

图7－5　下达工作指令的要求

工作指令不要超出自己的权限

企业管理者在下达工作指令时，需要注意的一点就是工作指令不要超出自己的权限，否则便会引起他人的不满，最终不但让工作指令无法施行，还会降低自己的威信。

李林是一家食品生产公司的生产部主管，在公司工作了10年，对公司有着深厚的感情。所以，在平时的工作中，李林对于看不惯的事情都会发表一番自己的意见。一次，李林看见公司的一个销售员对待客户的态度非常不好，引起了客户的强烈不满。见此，李林担心长此以往会对公司的形象产生负面影响，于是就下达了一条工作指令：销售部员工进行整改，学习销售技巧。

但是，销售部员工却认为李林是生产部主管，销售部员工的管理并不在其职权范围内。所以，对李林的工作指令拒不执行，还对李林的做法产生了强烈的不满。

从李林的案例中可以看出，管理者下达超出自己权限的工作指令，会引起别人的不满，也会为自己的工作增添障碍。所以，企业管理者在下达工作指令时，要注意不要超出自己的权限，主要有以下两点需要注意（见图7－6）：

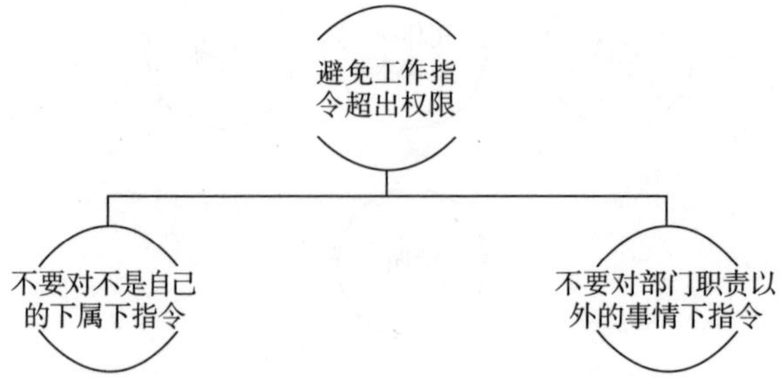

图7－6　避免工作指令超出权限的注意事项

下篇 标准要量化

第八章
考核标准抓指标，精细指标促进标准落实

员工不做你想要的，只做你考核的。这句话从一定程度上表明了考核在促进标准落实方面的重要作用。依据标准，给各项工作制定明确、精细的考核指标，不仅可以明确员工的工作方向，还能适当给员工加压。在员工努力完成考核指标的同时，其实也达到了促进标准落实的目的。

1

把工作目标拆分为考核指标

如何确定关键的、合适的考核指标？明确考核指标的来源是第一步。工作标准是以工作目标和工作需要制定的，而考核指标的最终目的也是为了促进工作标准的落实。所以，考核指标的来源应该是工作目标。在寻找、确定考核指标时，要将具体的工作目标拆分为工作指标。

准确做出工作岗位分析

岗位分析是对企业各类岗位的性质、任务、职责、劳动条件和环境，以及员工承担本岗位任务应具备的资格条件所进行的系统分析与研究，并由此制定岗位规范、工作说明书等人力资源管理文件的过程。透过工作岗位分析，可以深入、全面地了解某个工作岗位的具体工作要求。在明确工作要求后，可以结合考核目的，初步确定绩效考核的各项要素。

在做工作岗位分析时，应该遵循以下几项原则（见图8－1）：

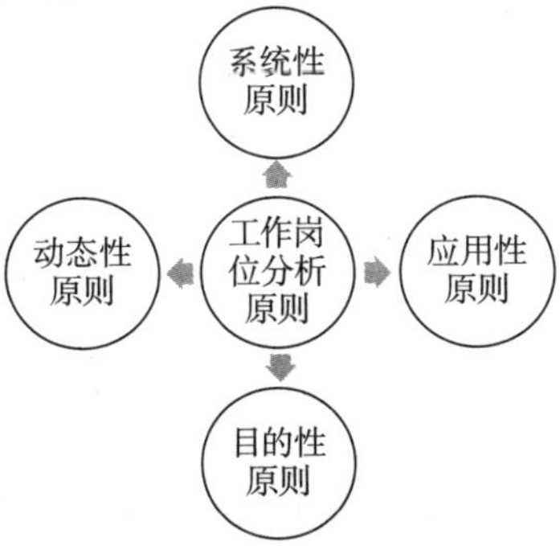

图8－1　工作岗位分析原则

工作岗位分析的方法有很多种，企业管理者可以针对企业实际情况，选择合适的岗位分析方法。

方法一：访谈法。分析岗位时，可以通过对相关人员做集体访谈或者访谈工作主管了解工作的相关情况。访谈法是一种被广泛采用、相对简单、便捷的搜集信息的方法。通过访谈能探察到一些不为管理层知晓的内容，如工作态度、工作动机等较深层次的东西或一些管理问题。并且访谈的方式相对比较亲切，能够拉近与员工的距离，从而挖掘更多的信息。但是，访谈法对于访谈者的要求较高，需要访谈者具备一定的技巧，并且在实际访谈过程中，还要注意避免打断被访谈人员的正常工作，以免造成工作损失。

在运用访谈法做工作岗位分析时，需要注意以下几点内容（见图8－2）：

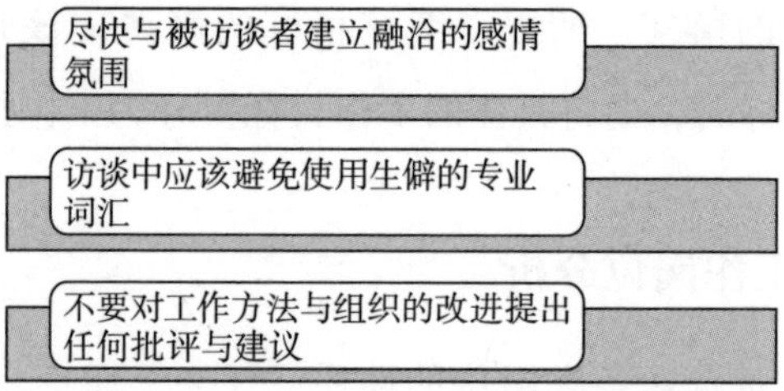

图8－2　通过访谈做岗位分析应该注意的问题

方法二：问卷调查法。根据岗位分析的具体目标、内容，设计一套岗位调查问卷。将调查问卷分发给调查对象。在由调查对象填写完毕后，对调查问卷加以汇总，分析其中具有代表性的答案，取得对岗位分析的描述信息。企业管理者在设计调查问卷时，要注意以下几个问题（见图8－3）：

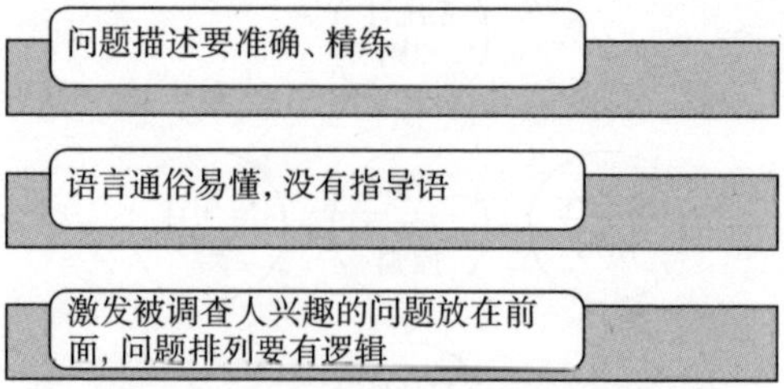

图8－3　设计调查问卷应注意的问题

方法三：关键事件法。指的是岗位工作人员或其他有关人员描述能反映其绩效好坏的“关键事件”，即对岗位工作任务造成显著影响的事件，将其归纳分类，对岗位工作有一个全面的了解。对于关键事件的描述，主要包括以下几个方面（见图8－4）：

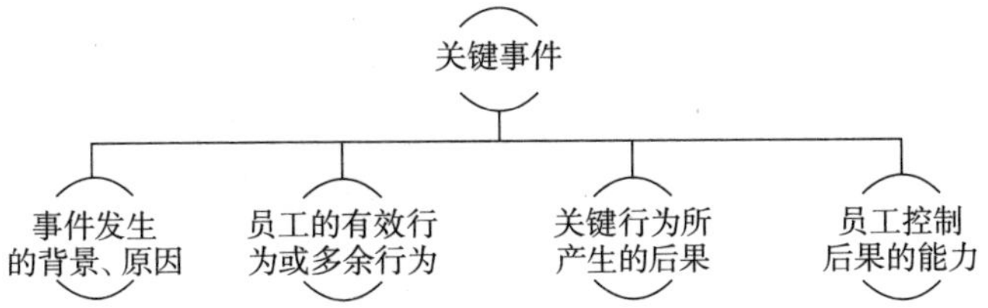

图8－4 描述关键事件的要素

方法四：参与法。指岗位分析人员直接参与某一岗位的工作，从而细致、全面地体验、了解和分析岗位特征及岗位要求的方法。与其他方法相比，参与法的优势是可获得岗位要求的第一手真实、可靠的数据资料。获得的信息更加准确。当然参与法也有缺点，由于分析人员本身的知识与技术的局限性，其运用范围有限，只适用于较为简单的工作岗位分析。

全面分析工作流程

要想考核指标设置得合理，就必须从实际工作流程中把握、搜寻。通过分析工作流程，找出被考核对象在工作流程中扮演的角色、应该担负的职责，同时，联系与流程上下游之间的关系，最终确定其衡量工作的绩效指标。

在分析工作流程时，首先应该对整体工作流程形成一个整体认知，明确各流程要素，以及各个环节之间的逻辑关系。在这一过程中，如果发现工作流程存在不合理之处，应该首先对工作流程做相应的调整。在保证工作流程合理的前提下，通过分析工作流程了解被考核人员在工作流程中所处的位置。

在全面分析工作流程时，需要解决以下6个问题（见图8－5）：

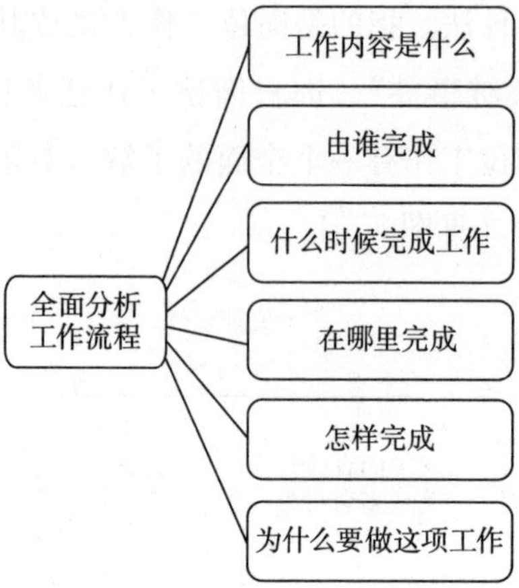

图 8－5　全面分析工作流程

通过分析工作流程，找出与被考核人员相关的工作事项与工作要求，为确定考核指标提供依据。

分析绩效特征

所谓绩效特征，指的是指标要素的绩效特征。指标要素的绩效特征应该联系整个工作流程具体分析，通过分析考核指标在整个工作流程中所处的位置，以及绩效考核指标在绩效考核中的重要程度，从而确定指标要素的绩效特征。

在确定了指标要素的绩效特征后，可以按照实际工作需要，将考核指标进行分档。如可以按照非考核不可、非常需要考核、需要考核、需要考核程度低、几乎不需要考核五档对寻找的考核指标要素进行评估，最后，根据考核指标要少而精的原则按照不同的权重进行选取。

依据绩效考核原理验证考核指标

当设计好绩效考核指标后，为了确保所选择的考核指标的适用性，还要对考核指标进行验证。通常，在验证考核指标时，需要依据绩效考核的基本原理和原则，对所设计的绩效考核要素指标进行验证，保证其能有效可靠地反映被考核对象的绩效特征和考核目的要求。

在这一过程中，要注意客观、全面地验证考核指标，避免出现由于考核指标验证不全面而导致所选择的考核指标不合理的情况。

通过要素调查确定考核指标

在根据绩效考核原理对选出的绩效考核指标进行验证之后，就要在其中确定最终的考核指标。通过在上述步骤中初步确定的要素，可以运用多种方法进行要素调查，并确定最终的绩效考核指标体系。需要注意的是，为了保证所确定的指标的科学性，在进行要素调查和指标体系的确定时，往往将几种方法结合起来使用，使指标体系更加准确、完善、可靠。

针对确定后的指标做修订

确定考核指标并不是最后一步。很多企业会在确定指标后马上将指标投入绩效考核，但是结果往往不尽如人意。这是因为虽然经过多个步骤最终确定了考核指标，但是，考核指标仍然可能存在一些不合理的地方，为了使考核指标尽量趋于合理，在确定考核指标后，还要针对确定后的考核指标进行修订。

通常，对考核指标的修订分为以下两种：

第一种，考核前修订。通过专家调查法，将所确定的考核指标提交领导、专家会议及咨询顾问，征求意见，修改、补充、完善绩效考核指标体系。

第二种，考核后修订。根据考核及考核结果应用之后的效果等情况进行修订，使考核指标体系更加理想和完善。

2 根据考核流程将指标考核落到实处

要想通过绩效考核保证工作目标的实施，首先就要做好绩效考核。企业管理者在实行绩效考核时，应该明确绩效考核的流程。通常，企业管理者在实施绩效考核时，应该将每一个步骤分别列为一个作业单元，在实施前组织相关的培训和专项辅导，并进行必要的模拟演练，以保证绩效考核实施的效果，通过绩效考核促进工作标准的实施。

确定合适的考核周期

绩效考核周期，也可以称为绩效考核期限，指的是具体多长时间进行一次绩效考核。合理确定绩效考核周期，是实施绩效考核的第一步。合适的绩效考核周期能够把握绩效考核的节奏，确保绩效考核的有序施行。如果绩效考核周期不合理，则会对绩效考核的整体效果产生极大的负面影响。

F 公司是一家互联网公司。为了促进工作标准的落实，F 公司实行了绩效考核制度。在确定考核周期时，F 公司的企业管理者认为自身企业是一个互联网公司，工作节奏非常快，所以，绩效考核周期也应该相应缩短。最终，F 公司的管理者将绩效考核周期定为一周，即一周对员工进行一次绩效考核。

但是，实际上，每进行一次绩效考核，公司就会耗费大量的人力、物力。经过了半年的时间，不但 F 公司的管理者认为周期过短，消耗的人力、物力过多，而且员工也因绩效考核过于频繁而感到疲倦。最终，F公司的管理者决定修改绩效考核周期，将之前的周考核变为月考核。

实际上，F公司的情况并不是个例，而是很多企业存在的实际问题。如果绩效考核周期设置不当，会耗费大量的人力、物力，增加企业管理成本的开支；如果绩效考核周期过长，又会降低绩效考核的准确性，影响绩效考核效果。

通常，绩效考核周期可以分为月度考核、季度考核、半年度考核和年度考核四种，企业在确定绩效考核周期时，可以针对自身企业的实际情况，选择合适的绩效考核周期。在确定绩效考核周期时，应该考虑以下几点因素（见图8－6）：

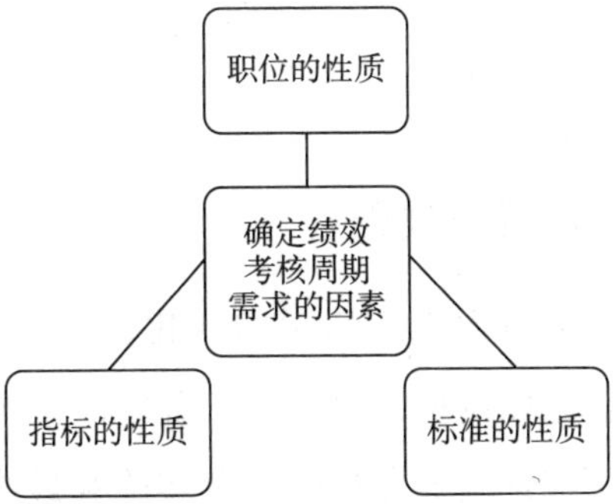

图8－6　确定绩效考核周期需考虑的因素

编制部门或岗位工作计划

在确定绩效考核周期后，作为考核对象的职能部门、业务机构和工作责任人，要在一个绩效考核周期的期初编制其所在部门或者工作岗位的工作计划，以保证绩效考核实施过程有具体工作依据。

在工作计划中，要对纳入考核的重点工作内容进行简要描述，每一项重点工作都要明确设置工作完成的时间指标和质量指标。并且按照预先设定的计分要求，设置每一项重点工作的考核分值。如果有必要，还要附加开展重点工作的保障措施。

在将一个考核周期内的工作计划编制完成后，要报送考核执行人确认，经过确认方可实施。

设置并校正量化指标和成效指标

绩效考核要求绩效考核中重点工作的开展和完成必须设置量化指标和成效指标。其中，量化指标指的是数据指标。通过量化指标和成效指标，可以反映出工作的效率要求和价值预期。实际工作中，并不是所有的工作结果和工作成效都可以用数据指标量化，而成效指标则相对难以设置和确定，需要一定的专业素质和及时的信息沟通。因此，考核执行人应会同考核对象，对重点工作的量化指标和成效指标进行认真校正并最终确定，保障重点工作的完成质量和效率。

通过不断调控保证考核过程

实际工作中，由于各方面工作情况的变化，存在着很多不确定因素。如果不对绩效考核过程加以调控，出现的不确定因素很有可能影响绩效考核的效果。所以，为了保证绩效考核的顺利实施和最终效果，一定的过程调控必不可少。

某家公司在对销售部门员工进行绩效考核时，设定合适的绩效考核周期，编制了部门或岗位的工作计划，并对量化指标和成效指标做了校正，可谓将绩效考核的前几个步骤都做得非常好。但是，在实际考核过程中，却没有做好调控，最终影响了绩效考核的效果。例如，一次，一名销售员在临近绩效考核周期结束，仍未完成规定的销售业绩。为了避免受处罚，这名销售员找到了与自己关系亲近的一名负责考核的主管修改自己的考核成绩。最终，这名销售员没有因为未达到销售目标而受到处罚。但是，这样的现象引起了其他员工的强烈不满，挫伤了其他员工的工作积极性，在之后的工作中，其他销售员也不再认真对待考核目标和工作标准了。

之所以会出现这样的情况，就是因为这家公司没有做好考核过程调控。如果在过程调控中，能够及时发现违规行为，就可以成功避免之后产生的一系列负面影响。

在调控绩效考核过程时，要遵循以下原则（见图8－7）：

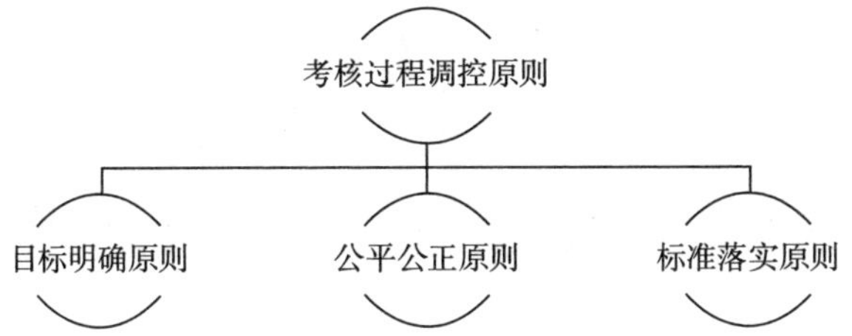

图8－7　考核过程调控原则

验收考核成效并合理运用结果

完成绩效考核之后，要对绩效考核成效做评定，并将绩效考核结果进行合理应用，为促进工作标准的实施发挥积极作用。每个周期期末，在设定的时间内，考核执行人依据预置或调整的周期工作计划，对考核对象的重点工作完成情况，验收考核成效。按照每项工作设置的指标和考核分值，逐项核实工作成效并进行评分记分，累计计算考核对象该考核周期重点工作完成情况的实际得分，并就工作的绩效改进做出点评。

在确定考核结果之后，可以将绩效考核结果应用于员工的薪酬调整、岗位变动等方面，同时还可以根据这一绩效考核周期的考核结果，分析工作标准落实情况，为下一绩效周期的考核提供改进依据。

3

将考核指标量化、细化、流程化

绩效考核做得好不好，考核指标的合适与否是一个非常关键的因素。如果考核指标不合理，那么之后的考核工作不论做得多么完善，绩效考核都无法起到积极的作用。所以，在绩效考核中，首先要选择合适的考核指标。但是，由于不同工作岗位的工作性质不同，其所适合的工作指标也有所不同。综合来说，为保证绩效考核能够有准确的依据，考核指标要做到量化、细化及流程化。

能量化的指标尽可能量化

在实际工作中，大部分的工作都可以做一定的量化处理。针对可以量化的工作，就要做到能量化的尽可能量化。通过量化考核指标，不仅能清晰工作标准，还能够给之后的绩效考评工作提供具体的依据。

约翰是一家公司的人力资源部经理，在确定人力资源部员工的绩效考核指标时，约翰将能够量化的指标全部做了量化。例如，在制度执行的考核方面，约翰将考核指标量化为制定制度的数量以及违反制度的次数；针对培训工作的考核指标，则量化为培训的时间以及培训的次数；对于相对比较笼统的工作，如提高产品质量、安全生产等，在量化考核指标的过程中，约翰也通过目标转化的方式实现了量化。对于提高产品质量，约翰将考核指标量化为将产品的合格率从现在的98%提升至99%；对于安全生产，将考核指标量化为将事故率降低为零。

通过将工作量化，约翰实现了考核指标的量化。在对员工实行绩效考核时，只需要以这些量化后的指标为依据，员工达到指标则考核合格，否则不合格。

通常，量化员工的绩效考核指标，可以通过以下3种方式（见图8-8）。

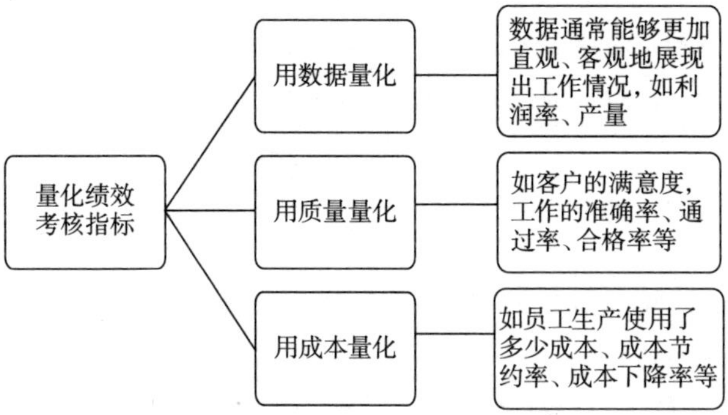

图8-8 量化绩效考核指标

不能量化的尽可能细化

实际上，并不是所有的工作都能够将工作指标量化。企业中的一些职能部门，由于工作内容非常繁杂琐碎，其工作核心无法准确确定，不好量化，即使量化也不一定能够做到全面、客观。对于这类工作，就要在不能量化的情况下尽量做到细化。通过细化考核指标，同样能够为考核工作提供评价依据。

李莉是一家著名公司的行政部主管，为了保证工作标准的实施，李莉决定对行政部员工实行绩效考核。在确定考核指标时，李莉认为行政部门的工作比较烦琐，并且非常分散，无法做准确的量化。为此，李莉根据平时的工作内容与工作标准，将行政部考核指标做了细化（见表8-1）。

表8－1 绩效考核指标细化表

绩效考核指标细化表	
工作职责	细化后考核指标
办公室日常办公制度维护、管理	（1）工作中经常为员工普及公司制度 （2）发现违反规定的行为及时制止
办公室各部门办公后勤保障工作	购买办公用品：卷筒纸、笔、打印及复印耗材
对全体办公人员（各部门）进行日常考勤	统计员工的出勤率
初步的人事管理制度，并履行人事管理职责	（1）合格面试人 （2）面试时间 （3）汇总面试人员资料及通知合格人员上班
按照公司行政管理制度处理其他相关事务	提醒工作人员具体的工作事项与工作问题
处理公司对外接待工作	有来访者及时进行登记
组织公司内部各项定期和不定期集体活动	确定公司团建的时间、地点、内容
协助总经理处理行政外部事务	处理行政部与其他部门的工作交流

李莉通过细化考核指标，为行政部员工的绩效考核提供了明确的依据，使得在绩效考核时，能够依据细化后的考核指标对行政部员工的绩效考核做出评价。细化考核指标，可以通过两个步骤实现：

步骤一：圈定员工的工作范围，总结其工作职能。

步骤二：在员工的工作范围内，做进一步划分。员工需要做哪些工作能够达到其工作岗位的要求，就要将这些工作细分出来。

企业管理者在细化考核指标时，可以按照以上两个步骤对工作指标做相应的细化。

不能细化的尽量流程化

在实际工作中，除了一些能够量化和细化的工作，还有少量的工作既不能量化，也无法细化。这些工作岗位通常是企业中的职能部门，但是，并不同于行政部门工作的烦琐、涉及面广，还有一些工作内容比较单一的岗位，往往是一项工作做到底，这样的工作用量化和细化都无法准确衡量其工作价值。如打字员，其工作就是天天打字，忙得不可开交。类似的工作还有会计、培训专员、监察员等。针对这些工作，可以采用流程化的方式，把其工作按照流程分类，从中寻找出可以考核的指标。

如打字员的工作指标可以做到流程化（见图8－9）：

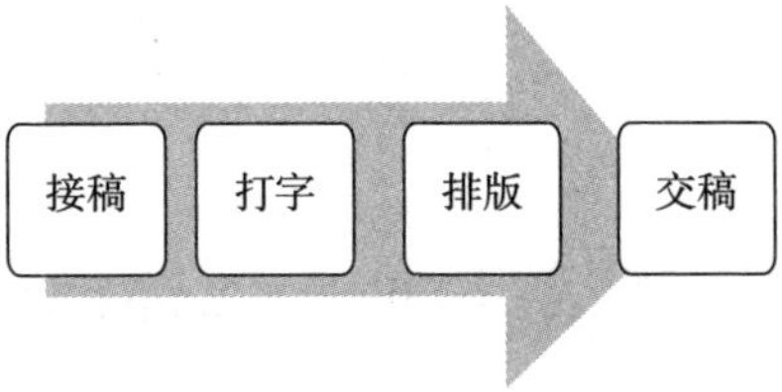

图8－9 打字员的工作流程

4 用关键绩效指标保证标准落实

关键绩效指标，也被称为 KPI，是用于衡量员工工作绩效表现的量化指标。绩效目标对于做好绩效管理、落实工作标准具有重要作用。在确定绩效考核指标时，找出并确定关键绩效指标，是非常重要的一环。通过关键绩效指标考核员工的工作情况，促进工作标准的落实，是企业管理者在绩效考核中应该做好的重要一环。

明确关键绩效指标来源，确定关键绩效指标

企业管理者要想通过关键绩效指标促进工作标准的落实，首先要知道关键绩效指标的来源。只有知道从哪里寻找关键绩效指标，才有可能选择合适的关键绩效指标。

通常，关键绩效指标的来源主要有以下三个方面：

第一，岗位说明书。对于员工的绩效考核应该在员工的工作范围之内，岗位说明书是绩效考核指标的主要来源，也是关键绩效指标的物质基础。所以，企业管理者在寻找关键绩效指标时，应该以员工的岗位说明书为基础，从员工的岗位职责中寻找关键绩效指标。通过这样的方式，不仅能够帮助员工加强对自身工作范围和工作职能的认识，还能准确找到考核指标，并从中确定关键绩效指标。

第二，部门或团队的工作目标。员工所做的所有工作，最终都是为了达成工作目标。关键绩效指标也应该从整体工作目标出发，通过对部门或

者工作团队的工作目标进行有效分解，以此确定员工的关键绩效指标。

第三，员工前一绩效周期的工作情况。对员工进行考核的目的，是为了通过促进工作目标的落实，最终提升工作质量。而在提升工作质量方面，不仅要树立新的目标，还要对之前的工作做一定的反省，找出并改正其中的不足之处。所以，员工在上一绩效周期内的工作情况就是非常重要的衡量依据。

在确定了关键绩效指标的来源之后，就可以按照以下步骤分析确定关键绩效指标（见图 8－10）。

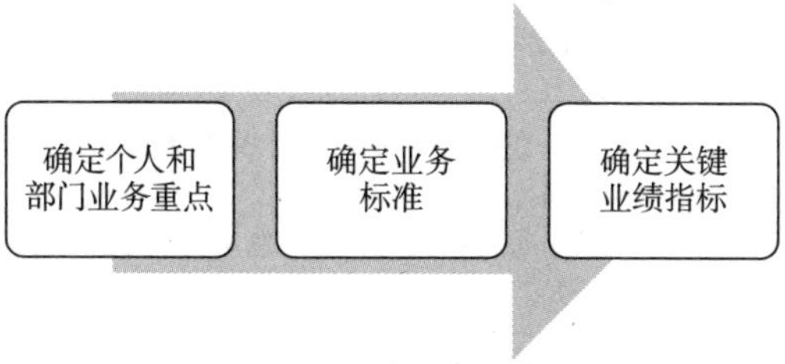

图 8－10 分析确定关键绩效指标的步骤

确定各个关键绩效指标的权重

关键绩效指标中，一个关键要素就是每个指标的考核权重。只有为每个关键绩效指标确定合适的权重，才能保证最终的考核效果。很多企业在设置关键绩效指标的权重时存在一定的误区，认为任何指标的权重都可以用 A、B、C、D 表示，实则不然。一个真正能起到考核作用的关键绩效指标的权重，应该根据每类员工的不同特点进行设置。无法量化的关键绩效指标权重可以用 A、B、C、D 表示，而可以量化的则需要用具体数据如×%或×分表示。

C 公司是一家化妆品公司，在针对销售员工的绩效考核中，C 公司的企业管理者为每个关键绩效指标设置了合适的权重（见表 8－2）。

表 8－2　关键绩效指标及其权重

工作内容	关键绩效指标	权重（%）	评价标准	评分
工作业绩	销售目标完成率	35	实际完成销售额÷计划完成销售额×100%，考核标准为100%，每低于10%，扣除该项2分	
	销售业绩增长率	10	与上一月度或年度的销售业绩相比，每增加1%，加2分，出现负增长不扣分	
	销售回款率	15	超过规定标准以上，以5%为一档，每超过一档，加3分，低于规定标准的，为0分	
	新客户开发情况	15	每新增一个客户，加1分	
	市场信息收集准确度	5	(1) 在规定的时间内完成市场信息的收集，否则为0分； (2) 每月收集的有效信息不得低于5条，每少一条扣2分	
	报告提交	5	(1) 在规定的时间内将相关报告交到指定处，未按规定时间提交者，为0分； (2) 报告的质量评分为3分，未达到此标准者，为0分	
	销售制度执行	3	每违规一次，该项扣1分	
	团队协作	7	因个人原因而影响整个团队工作的情况出现一次，扣除该项5分	
工作态度	出勤率	3	(1) 每月员工出勤率达到100%，得满分，迟到一次，扣2分（3次及以内）； (2) 月度累计迟到三次以上者，该项得分为0分	
	工作责任感	1	0分：工作马虎，不能保质、保量地完成工作任务且工作态度极不认真；1分：自觉地完成工作任务，但对工作中的失误，有时推卸责任；2分：自觉地完成工作任务且对自己的行为负责；3分：除了做好自己的本职工作外，还主动承担公司内部额外的工作	
	日常行为规范	3	违反一次，扣1分	
	服务意识	3	出现一次客户投诉，扣5分	

续表

工作内容	关键绩效指标	权重（%）	评价标准	评分
工作能力	专业知识	7	1分：了解公司产品基本知识；2分：熟悉本行业及本公司的产品；3分：熟练地掌握本岗位所具备的专业知识，但对其他相关知识了解不多；4分：掌握熟练的业务知识及其他相关知识	
	分析判断能力	5	1分：较弱，不能及时做出正确的分析与判断；2分：一般，能对问题进行简单的分析和判断；3分：较强，能对复杂的问题进行分析和判断，但不能灵活地运用到实际工作中；4分：强，能迅速对客观环境做出较为正确的判断，并能灵活运用到实际工作中取得较好的销售业绩	
	沟通能力	3	1分：能较清晰地表达自己的思想和想法；2分：有一定的说服能力；3分：能有效化解矛盾；4分：能灵活运用多种谈话技巧和他人进行沟通	
	灵活应变能力	5	针对客观环境的变化，能灵活地采取相应的措施	

确定合适的关键绩效指标调整周期

关键绩效指标不是一成不变的，而是需要根据工作环境的变化而不断调整的。所以，在确定了关键绩效指标及其权重之后，还要确定一定的关键绩效指标调整周期。通常，关键绩效指标调整周期不宜过长或者过短。如果周期过长，很有可能导致出现关键绩效指标已经不适合当前工作需要却仍在使用的情况；如果周期过短，则有可能出现关键绩效指标还没有发挥作用时，就已经被换掉了的情况。经常更换关键绩效指标，也会引起员工在工作中的不适应，甚至引起员工的反感。

不同的企业其实际情况不同，适合的关键绩效指标调整周期也不同，企业管理者应该根据自身企业的实际情况，确定合适的调整周期（见图8－11）。

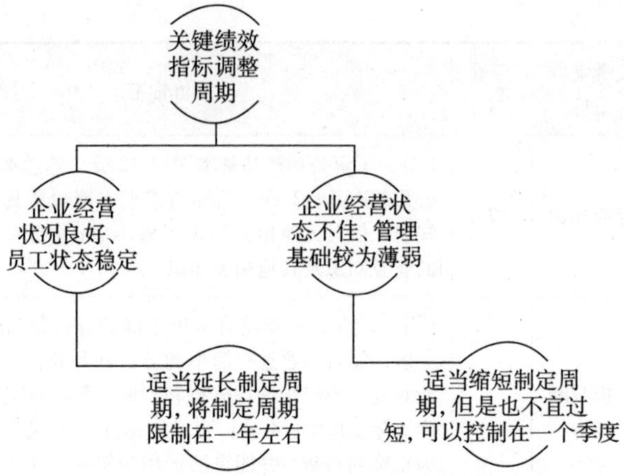

图 8-11　不同企业所适合的关键绩效指标调整周期

5 用监督保证考核与标准的实施

由于实际考核过程中存在很多不确定因素，为了保证绩效考核与标准的实施，就要在考核过程中引入监督机制。通过对考核过程中各方面的监督，维持考核秩序，保证考核结果。

简是一家食品公司的生产部经理，为了将公司所制定的生产标准切实落实到实际生产工作中，简决定通过绩效考核的方式促进工作标准的实施。为了保证绩效考核的效果，简通过查阅资料、与公司其他管理者商讨，最终制定了一套适合企业实际情况的考核方案。但是，简却忽略了监督在考核中的重要作用，所设计的绩效考核方案缺少监督的内容。

简根据公司的生产标准，为生产人员制定了一系列考核指标，以确保生产人员能够在考核中通过落实考核指标达到工作标准。其中一项工作指标是员工每月生产的产品次品率不超过2%。在8月份的考核中，其他生产人员的次品率都保持在了2%以下，唯独小刘所生产的产品次品率达到了3%。按照规定，小刘没有达到考核标准，应受到相应的处罚。

但是，小刘为了避免处罚，找到了自己所在生产小组的组长老张。因为小刘平时与老张的关系比较近，加之老张考虑到这是小刘第一次没有达到考核标准，并且没有专门的监督人员，所以，组长老张私自修改了小刘的生产业绩表，将其产品次品率由3%改为了1.5%。这样，小刘成功避免了处罚，但是却引起了其他员工的不满。员工认为这么做对认真工作的员工不公平。但是，由于缺少监督制度，即使发现了“暗箱操作”的情况，员工也不知道该向谁申诉。久而久之，员工的工作积极性降低，考核中“暗箱操作”的情况愈演愈烈。如此，绩效考核制度不仅没有促进工作标准的落实，未能提升企业的工作效率，反而对企业造成了诸多的不良影响。

从上述案例中可以看出监督在考核过程中的重要性。没有监督，就无法实现公平考核；而没有公平考核，考核在员工心中的威信就会下降，工作标准也就无法得到落实。所以，在考核过程中引入监督机制，是做好绩效考核、落实工作标准的重要一步。

设置专门的考核监督小组

很多企业在绩效考核中，即使有监督，也只是在喊口号，或者没有指派专人负责监督工作，只是随管理者心情，想起来了就对考核过程做一些检查，否则就不检查。实际上，这样的情况无法发挥监督的作用。要想将监督的作用发挥到最大限度，就要设置专门的考核监督小组。

通常，考核监督小组由总经理办公会成员组成，企业董事长为最高领导，成员则为各个部门的主管，如营销管理中心总监、生产管理中心副总经理、财务管理中心总监等。考核监督小组的成员可以对各自所在部门的绩效考核过程实施一定的监督。

在设置考核监督小组时，应该明确其工作职责（见图 8－12）：

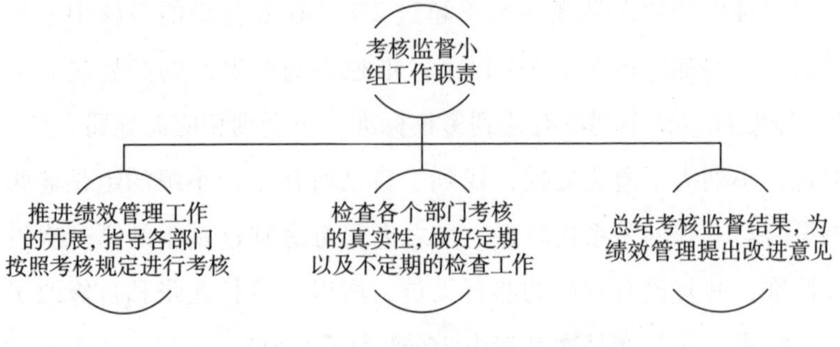

图 8－12　考核监督小组工作职责

此外，还要明确考核监督小组的具体监督内容（见表 8－3），以保证监督小组成员在监督过程中能够有具体的依据，避免出现监督乱象。

表 8-3 考核监督小组的监督内容

工作行为	处理办法
（1）每月制定的工作计划中，未涵盖所担任岗位 98% 以上的主要岗位职责、工作内容及目标达成情况 （2）因沟通不畅、协调不力导致相关联部门的工作延误一次 （3）未能按要求参加公司的培训学习活动，有迟到行为一次或者早退现象一次 （4）因个人原因影响团队绩效一次或复命不及时一次 （5）故意浪费或损坏公司财物并造成 100 元以下的损失 （6）工作中弄虚作假，暗箱操作一次 （7）工作责任心差，发生问题相互推诿责任一次	当月绩效考核不能被评为优秀等级
（1）每月制定的工作计划中，未涵盖所担任岗位 90% 以上的主要岗位职责、工作内容及目标达成情况 （2）因个人原因影响团队绩效两次或复命不及时两次 （3）因沟通不畅、协调不力导致相关联部门的工作出现延误两次 （4）未能按要求参加公司的培训学习活动，有迟到行为两次或者早退现象两次 （5）故意浪费或损坏公司财物并造成 300 元以上的损失 （6）工作中弄虚作假，暗箱操作两次 （7）工作责任心差，发生问题相互推诿责任两次	当月绩效考核不能被评为优良以上等级
（1）每月制定的工作计划中，未涵盖所担任岗位 85% 以上的主要岗位职责、工作内容及目标达成情况 （2）因个人原因影响团队绩效两次或复命不及时三次及以上 （3）因沟通不畅、协调不力导致相关联部门的工作出现延误三次及以上 （4）未能按要求参加公司的培训学习活动，有迟到行为两次或者早退现象三次及以上 （5）故意浪费或损坏公司财物并造成 700 元以上的损失 （6）工作中弄虚作假，暗箱操作三次 （7）工作责任心差，发生问题相互推诿责任三次及以上	当月绩效考核不能被评为合格以上等级

消除员工对监督检查的恐惧和抵触心理

在考核过程中实施监督，有部分员工会产生恐惧或抵触心理。有的员工认为公司设立监督小组，是对自己的不信任，从而对考核监督出现抵触情绪；还有一部分员工认为自己在工作中的任何行为都会被监督，从而产生了恐惧心理。实际上，如果员工出现这样的情绪，是非常不利于其全身心投入工作的。所以，为了在监督考核的同时保证员工的正常工作状态，企业就要消除员工对监督考核的恐惧和抵触心理，让员工认识到企业设置监督小组是为了使其利益得到保障，而不是对其工作的不信任。

下篇

标准要量化

第九章

检验标准看结果，从结果倒推看标准是否有效

工作标准保证了工作结果，同时工作结果也在一定程度上反映了工作标准合适与否。只有完善的工作标准才能产生完美的工作结果。如果标准存在不当之处，则会直接反映在结果上。所以，通过分析工作结果，可以反推工作标准是否完善合理。

1

结果是检验标准的唯一标尺

工作标准规范了工作行为，而工作行为则可以直接影响工作结果。所以，结果是工作标准最直接的产物，也是检验工作标准的唯一标尺。工作标准合适与否，直接影响了工作结果的质量。所以，企业管理者在检验工作标准时，应该重点分析工作结果，从工作结果的不足之处寻找标准的欠缺与漏洞。

海底捞是一家著名的火锅餐饮连锁企业，其细致周到的服务是获得顾客青睐的重要原因（见图9－1）。

图9－1　海底捞

海底捞之所以能够让员工时刻保持良好的服务态度，在于其高超的管理水平。在管理员工、提升服务质量方面，海底捞制定了一系列的工作标准。而海底捞在制定工作标准方面，并不是一帆风顺的，其工作标准也是经历了多次的改动才最终成型。而其在检验工作标准时，最主要的依据就是工作结果，即从员工的服务水平及顾客的满意度等方面检验工作标准是否合适。

海底捞曾经制定了一系列的量化服务标准，如杯子里的水不能低于多少，客人戴眼镜一定要给眼镜布，否则扣0.05分；当客人的手机放在桌面上时，一定要给客人的手机套上手机套，否则扣0.05分。这样的工作标准看似已经量化到非常细致的程度，海底捞的管理者也认为这样的工作标准肯定能够提升员工的服务质量以及顾客的满意度，但是，海底捞仍然坚信，结果是检验工作标准是否合适的唯一标尺。所以，海底捞在实行该工作标准一段时间后，对工作结果进行了调查。

调查结果并不如海底捞管理者的预期。实际上，由于工作标准的严格规定，员工都怕没有达到工作标准而被扣分，所以，即使顾客说豆浆他不喝了，不用加了，员工还是会坚持给对方添豆浆；每个戴眼镜的顾客都给眼镜布，即使顾客已经说明自己不需要；再有，即使顾客说不用手机套，员工还是会趁顾客不注意，把手机抢过来给顾客套上。很多时候，这样的服务非但不能增加顾客的满意度，甚至还会引起顾客的反感。究其原因，就是因为不这么干会扣分。而这样造成的结果就是，严肃的工作标准不但增加了不必要的成本，而且还招致了顾客的反感。

海底捞通过检验工作结果，发现了工作标准的不足之处，并且有针对性地对工作标准进行了修正。也正是因为海底捞一次次以工作结果为依据，检验工作标准，才使得其工作标准不断完善，服务质量不断提高。

企业管理者在检验工作标准时，以工作结果为依据，能够更加准确地找出工作标准中存在的问题。而要想以工作结果检验工作标准，企业管理者就应该遵循以下步骤。

准确、客观地调查工作结果

以工作结果检验工作标准，要想检验结果正确，首先工作结果应该是准确的、客观的。如果工作结果本身有失偏颇，那么根据其检验出的工作标准必然是不正确的。通常，企业管理者在调查工作结果时，可以采用以下几种方式：

第一种，实地调查。工作情况如何通常直接反映在工作现场，实地调查的方式能够让企业管理者更加直观地看到真实的工作情况。以餐饮行业为例，企业管理者可以深入到餐厅，通过自身的观察以及询问顾客，调查出实际工作情况。实地调查的方式，是获取一手工作信息的方式，通过实地调查总结出的工作情况，往往更加客观、准确。

第二种，顾客满意度。顾客满意度是工作结果中的一个重要指标。顾客满意度高，则往往工作结果情况较好。所以，企业管理者在调查工作结果时，可以着重调查顾客满意度，从顾客的口中发现工作的好或坏。

第三种，员工绩效考核成绩。如果企业设有绩效考核制度，那么企业管理者就可以通过员工绩效考核成绩总结工作的大致情况。绩效考核成绩是对员工一段时间内的工作情况的反映，从中可以发现员工在工作中的长处与不足，从绩效考核中，可以发现工作结果的大致情况。

第四种，面谈法，也称为访谈法。企业管理者可以通过与员工面谈，让其表述自身在工作中的具体情况，以及工作标准是否适合实际工作。通过员工的表述，企业管理者可以发现由于工作标准的不合适而给员工的工作带来的不便。

分析工作结果，找出优势与不足

通过工作结果看工作标准是否合适，最重要的方式就是从工作结果的优势中看工作标准的适用性，从工作结果的不足中看工作标准的不足。

在分析工作结果时，可以从以下几个方面着手（见图9－2）。

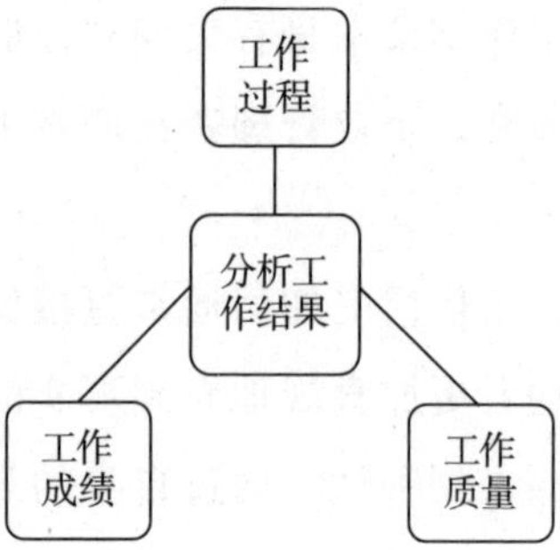

图9-2　如何分析工作结果

通过分析工作结果，找出其中由于工作标准合适而取得的成绩，以在之后的工作中继续保持；同时找出由于工作标准不合适而引发的问题，在完善标准的过程中着重改善、修正这样的标准，以提升工作标准的适用性。

2 用产品质量检验标准制定与执行的效果

不论在什么时候，产品永远是企业生存的基石。而产品质量的好坏，不仅关系到消费者的利益，还关系到企业的兴衰。所以，产品质量对于企业的发展具有重要的意义。基于这样的情况，企业在检验工作标准时，产品质量就是首要的衡量依据。通过产品质量，可以发现工作标准是否合适，一套合适的工作标准，可以大幅提升产品质量，进而增加企业的市场竞争力。

喜家德是一家著名的水饺餐饮连锁企业，经过多年的发展，拥有了很好的口碑，其连锁店遍布全国40多座城市（见图9－3）。

图9－3 喜家德

喜家德之所以能够从一家小小的饺子店发展为今天的水饺连锁企业，与其严格、合适的量化工作标准是分不开的。正是由于喜家德工作严格、合适的量化标准，才保证了其水饺的质量，使其市场竞争力不断增强。

喜家德最初共有 6 种水饺，但是通过检查其水饺质量，喜家德的管理者认为水饺种类过多，使得水饺质量不够精细，最终确定将喜家德水饺种类减少为 5 种。如今，喜家德水饺有一套严格、科学的工作标准，以保证其水饺的质量。

喜家德特制的擀面杖标有刻度，且长、短、粗、细均有标准尺寸，同时材质有特别要求。这种擀面杖，用起来省劲，受力一致，面皮出来的形状和厚薄都是最佳状态（见图 9 –4）。

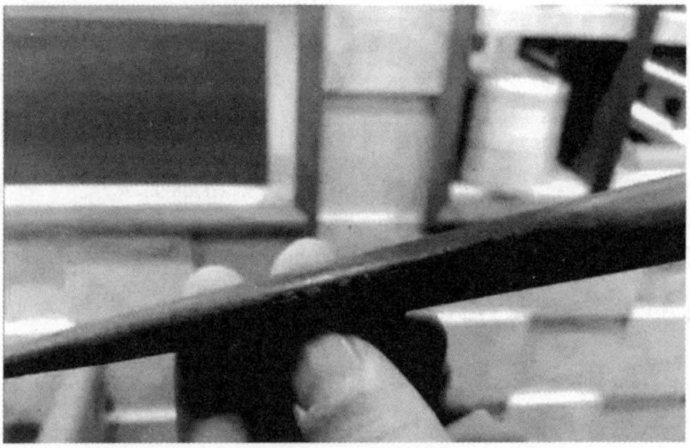

图 9 –4　喜家德标有刻度的擀面杖

为了保证饺子皮薄厚均匀，喜家德研发出一台“饺子透视仪”，将擀好的面皮放在透视仪上，一眼就可以看出面皮的均匀程度；对于饺子的重量，喜家德规定每个饺子的重量必须严格相同，每一块面皮都必须上秤称重，一克都不能少，并且每家连锁店都必须严格执行。总之，喜家德对于工作过程的各个阶段都提出了非常严格的量化标准（见图 9 –5）。

喜家德的严格、合适的量化工作标准，使得其水饺质量明显高于其竞争对手，实力也在不断增强。由此可以看出，工作标准对于产品质量有着非常重要的影响。通过产品质量的优劣，可以检验工作标准是否合适，只有合适的工作标准才能生产出优质的产品。所以，企业管理者可以将产品质量作为衡量工作标准的依据。

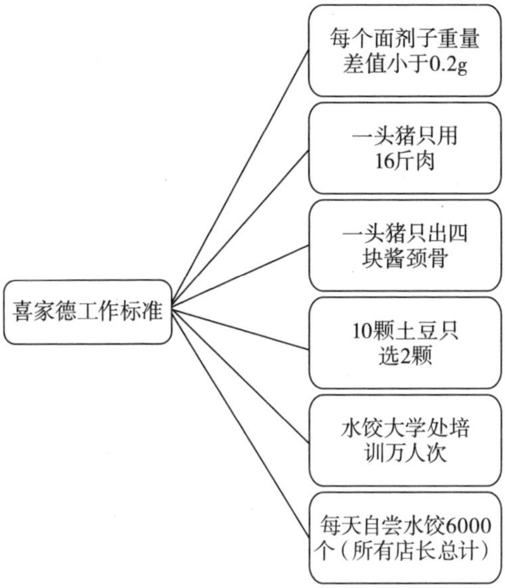

图 9－5 喜家德工作标准

产品质量由标准和执行标准状况决定

产品质量即产品的固有特性满足要求的程度。它是反映产品使用功能的各种自然属性，其中包括产品的性能、效率、可靠性等综合指标，内容有物理性能、化学性能、机械性能、使用性能、安全环保要求、外观质量、质量等级等。这些性能主要表现为以下三个方面（见图 9－6）：

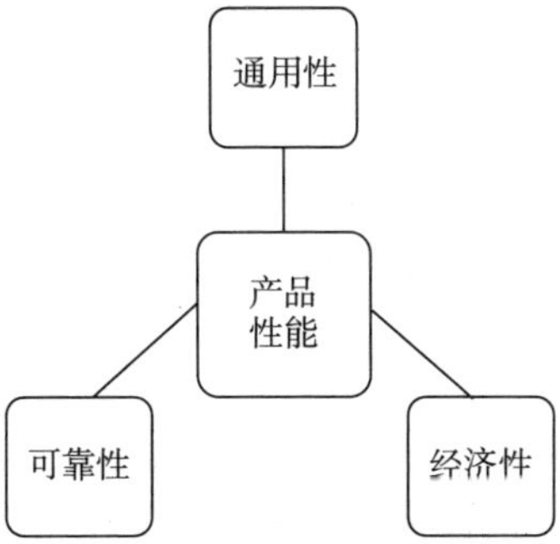

图 9－6 产品性能

标准能够规范产品生产行为，保证产品质量。正所谓“没有规矩不成方圆”，标准就是产品生产时的规矩。产品的质量由标准和执行标准的状况决定。生产产品过程中所制定的标准是否合适，以及标准是否在实际生产过程中得到彻底执行，都会对最终的产品质量产生直接的影响。

某家食品生产公司，在生产一种饮料时，制定了一系列的工作标准，如在生产过程中要严格保证卫生，生产人员进行生产前必须先对生产线进行消毒；这种饮料每天的生产量必须在5000瓶以上等。而实际上，由于生产设备的性能较差，如果按照规定的步骤操作，根本完不成既定的工作量。生产人员为了避免由于生产量没有达到要求而受到处罚，私自省略了一项关键的生产步骤，最终导致生产出的饮料味道与应达到的味道大相径庭。

这家食品生产公司的管理者在检查产品质量时，发现所生产的产品质量不合格，通过分析，发现不合格的原因是“每天的生产量必须在5000瓶以上”这一工作标准设置得不合理。所以，这家食品生产公司的管理者及时对工作标准进行了修改、完善。

上述案例中食品生产公司的管理者在检验工作标准时，就是以产品质量为依据，从产品质量的好坏检查工作标准是否合理。

从产品质量的问题寻找标准的欠缺之处

产品质量的好坏在很大程度上由工作标准决定，所以，在以产品质量为依据检查工作标准时，就要从产品质量中反映出的问题寻找标准的欠缺之处。在这一过程中，企业管理者应该按照以下步骤进行。

首先，找出产品存在的质量问题，然后由质量问题找出出现该问题的原因。在寻找产品存在的质量问题时，要从多个方面、多个角度考虑，以保证找出的问题全面、客观。

其次，寻找产生问题的原因。只有找出产生问题的原因，才能有针对性地修改、完善工作标准。所以，企业管理者在找出产品存在的质量问题之后，就要挖掘其背后的原因。

最后，与标准问题对应，修改、完善标准。找出了产生问题的原因之后，就要分析其原因，看看哪些问题是由于工作标准不合适而产生的。当确定了工作标准为什么不合适之后，就要有针对性地对工作标准进行修改。

3

从客户反馈查找服务标准漏洞

客户永远是服务质量的最权威的评价者。企业所进行的所有服务，都是围绕服务客户、提升客户满意度进行的。所以，客户反馈是评价服务标准的最重要指标。通过客户反馈，可以发现服务标准的漏洞与欠缺，以便及时将标准进行修正与完善。

准确搜集客户反馈

要想从客户反馈中查找服务标准的漏洞，准确搜集客户反馈是前提。只有准确搜集到客户反馈，之后的分析、修正工作才能陆续开展。如果客户反馈搜集不准确，那么之后所进行的所有工作都将成为无用功。所以，企业管理者在检查标准时，首先要学会准确搜集客户反馈。

通常，搜集客户反馈主要有以下 5 种方法。

第一种，通过一线员工反馈。每天都在一线与客户不停交谈的员工能够准确知道客户经常遇到的都是哪些问题。所以，一线员工得到的客户反馈是最及时、最真实的。如果一线员工能够通过与客户直接交谈并发现客户遇到的问题，将这些问题反馈给公司，那么这将是非常有效的客户反馈信息。

在通过一线员工进行客户反馈的过程中，企业可以建立一线员工反馈团队，规定其每天都要进行数据搜集并诊断问题的根源。例如，当客户致电要进行款项支付时，让一线员工询问几个探询性的问题，将会快速了解客户为什么不使用自助服务来完成支付。

第二种，电子邮件调查。电子邮件调查是除一线员工反馈之外另一种有效的客户反馈信息搜集方式。通过电子邮件调查，不仅可以节省调查成本与时间，还能够得到客户的文字信息反馈，有利于之后进行细致的分析和研究。除此之外，对客户采用电子邮件的方式做调查，还能向客户表达重视以及进一步跟踪了解的意愿。

在采用电子邮件调查的方式时，企业管理者要注意在联络完成后的2—3天内及时对客户进行跟踪调查，通过这样的方式，可以使顾客回忆起更多的细节。并且在调查邮件中，除了要设置固定的问题之外，还要设置一块可以让客户自由填写和评述的区域，保证客户能够最大限度地发表意见。通过这样的方式，搜集到的客户反馈信息也会更加全面及更有价值。

第三种，定期进行客户调查。客户调查是很多企业获取客户数据的主要手段。通过定期的客户调查，可以有规律、阶段性地获取客户反馈，以获得持续的反馈信息。

第四种，语音分析工具。利用语音分析工具，可以自动分析、归类和评价客户来电。语音分析工具正在被应用到质量管理流程、合规性审查以及了解客户联络的根源等方面。将录音分析、索引后存储在数据库中，就可以像操作正常的数据库一样进行录音数据的查询和调取。数据分析已经越来越为人所熟知，因此，企业管理者要学会利用语音分析工具，提升客户反馈信息获取的效率。

第五种，网络观察。网络观察是一种“客户帮助客户”的网络互助模式，是一个关键的客户反馈和信息收集渠道。企业管理者可以利用相关的网络工具搜索相关内容以获取客户评价、问答和抱怨信息。通过这样的方式，可以用最少的成本，在短时间内获取大量的客户反馈信息。

从客户的不满中寻找服务标准漏洞

通过客户反馈寻找服务标准漏洞，一个重要的方式就是分析客户反馈中表达出的不满意见，从中找出客户产生不满的原因，以此对应服务标准检查。

某家餐饮企业在检查工作标准时，采用了搜集客户反馈以寻找标准漏洞的形式。通过运用一线员工调查以及电子邮件调查两种调查方式，最终搜集到了大量顾客反馈信息。在这些顾客反馈中，除了一些对服务满意的信息之外，也包含很多对服务不满意的声音。这家餐饮企业的管理者正是利用顾客表现出的不满，找出了自身企业在服务标准方面尚存在的欠缺之处。

例如，在调查的顾客当中，有近六成的顾客表示自己到餐厅就餐时，等待 10 分钟以上仍然没有服务员招待自己；近五成的顾客表示上菜偏慢，并且当自己要求服务员催促上菜时，服务员的态度非常差。针对顾客在反馈信息中表现出的不满，这家餐饮企业的管理者以该企业的服务标准为依据找出了服务中仍然存在的欠缺之处，即招待顾客不及时、出菜慢、服务态度差、缺乏耐心等。

针对这样的情况，这家餐饮企业的管理者重新制定了以下几项标准：

第一，顾客落座 2 分钟之内，服务员必须要与顾客对话，询问顾客需求；

第二，在保证菜品质量的前提下，缩短出菜时间；

第三，在与顾客对话的过程中，要时刻保持微笑，杜绝出现负面情绪。

通过这样的改进方式，工作标准得到了不断完善与提升。

但是，在从客户的不满中寻找服务标准漏洞时，需要注意的是，要能够准确找出正确的意见，即不是客户的无理要求，而是对提升工作标准具有实际意义的意见。只有正确的意见才能为企业提供正确的改善方向。

将服务标准检查变成定期工作

服务标准不是一成不变的，根据外部条件的变化，不同情况下对服务标准的要求也有所不同，当下适用的标准并不代表以后一直适用。所以，为了保证所制定的标准能够一直适应工作需求，企业需要将服务标准检查变成定期工作。通过对工作标准进行定期检查，可以及时发现标准中存在的问题，以及时予以处理及修正。

4

从资源利用率验证标准的科学性

企业的任何经济活动都需要依托一定的资源，而在利用资源的同时，也代表着企业的经营成本在不断地上涨。企业的资源利用率高，则可以有效节省其经营成本，资源利用率过低，则会浪费大量的经营成本。

工作标准对工作行为起着约束作用。工作标准科学合理，企业就可以按照工作标准，实施科学、合理的工作行为；工作标准缺乏科学性，企业的工作行为也将不合理，从而造成资源利用率降低。所以，资源利用率是验证工作标准是否科学合理的重要依据。企业管理者在检查工作标准的科学性时，可以分析企业的资源利用率。

从 5 个角度分析企业的资源利用率

企业管理者要想通过分析资源利用率实现对工作标准的检查，就应该认识并学会如何分析企业的资源利用率。

通常，企业的资源利用率包括以下几项内容（见图 9－7）。

企业管理者在分析企业的资源利用率时，可以根据图 9－7 中的几项内容，分别进行分析，以找出企业的实际资源利用情况。

以人员，即人力资源利用率为例。F 公司是一家大型制造企业，经过多年的发展，其生产规模不断扩大，人力资源需求急剧增加，但是其年终生产效益却远远比不上生产规模未扩展之前的利润空间。该企业的管理者为了改变这样的情况，进行了相关的调查。通过调查发现，企业之所以会

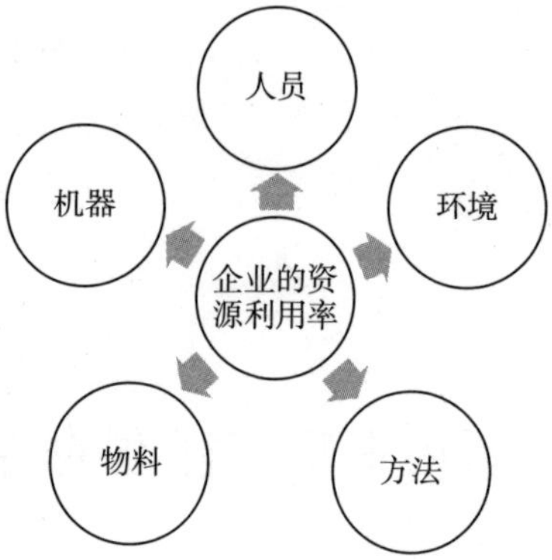

图 9－7　企业的资源利用率

出现这样的问题，主要是因为其经过扩展生产规模，虽然技术、设备以及生产效率等都足以满足生产需要，市场利润空间也清晰明了，但是人力资源利用率却非常低。

由于生产规模扩大，F 企业在各个部门中设立了多个领导岗位。根据既定的工作标准，任何工作信息都要经过领导层级层层传达，不可越级传达。以该企业的生产部门为例，生产部经理制定生产计划之后，将生产计划传达给生产部副经理，副经理再传达给助理，助理传达给 3 个生产部主管后，再由各个生产部主管分别传达给一线生产人员。这样的工作模式下，不仅浪费了大量的工作时间，还大大增加了人力成本支出，最终导致人力资源利用率低下。

企业管理者在分析自身企业的资源利用率时，可以分别从资源利用率的 5 个角度进行分析，以保证分析结果的全面性，便于之后有针对性地找出工作标准中存在的漏洞。

从资源利用率找出工作标准的不科学之处

在分析了企业的资源利用率低下的原因之后，下一步就要根据其找出工作标准中存在的问题，这也是以资源利用率为依据验证工作标准科学性的关键步骤。

在上述案例中，F 公司的管理者通过分析人力资源利用率低下的问题，找出了背后的根本原因，是部门编制层次太多，并且按照工作标准，工作信息必须严格按照层级传达，这就导致了上下级之间沟通出现障碍，信息流转速度慢。并且还存在很多人力资源处于闲置状态的情况。

F 公司的管理者通过分析以上情况，与现有的工作标准相对应，找出了工作标准中存在的问题。F 公司的管理者认为，之所以会导致公司的人力资源利用率低下，共有两个方面的原因：一是部门人员构成不合理，层级过多；二是工作标准不科学，要求严格按照信息层层传达，在一定程度上降低了工作效率。

为此，F 公司的管理者对企业的人员构成进行了调整，精简了各个部门的管理层级，由原来的“部门经理、部门副经理、助理、部门主管、一线员”工减少为“部门经理、部门主管、一线员工”。而在工作标准方面，F 公司的管理者同样做了一定的调整，以提升工作标准的科学性。由之前的硬性规定任何工作信息必须经过层层传达，变为常规工作情况下，工作信息需要进行层层传达；而遇到特殊情况，如工作情况紧急，需要短时间内做出决策的情况，则可以越级汇报。

F 公司通过改变人员构成及修改工作标准，提升了工作标准的科学性及人力资源的利用率。不仅精简人员构成节省了大量的人力成本，有效解决了人员闲置的问题，还加快了信息流转速度，使工作效率得到了明显提升。

通过 F 公司的案例可以看出，资源利用率是检查工作标准是否科学的一个重要指标，当企业的资源利用率低下时，工作标准一定存在问题。只有找出导致资源利用率低下的原因，才能有针对性地完善工作标准，使其更具科学性。

企业管理者在检查工作标准时，要分别检查企业的人员、机器、物料、方法和环境等方面的资源利用率，找出由于工作标准不科学而导致的资源利用率低下的问题，并根据问题产生的原因对相关的工作标准进行完善。

5 针对工作行为健全标准管理体系

企业制定工作标准的一个重要作用就是规范员工的工作行为，以保证工作效果、提升工作效率。所以，在检查工作标准时，以员工的工作行为为依据，看现有的工作标准能否对员工的工作行为起到规范作用。同时，通过员工在工作行为方面表现出的问题，可以倒推出管理标准中存在的问题。

总结分析员工工作行为

以员工工作行为为依据检查工作标准，就要通过总结、分析员工的工作行为，找出其在工作中由于管理标准不完善而出现的问题，并有针对性地对管理标准做相应的完善。

C 公司是一家电子产品生产公司。在检查工作标准时，C 公司的管理者对生产员工的工作行为做了调查总结，发现虽然公司已经制定了一定的工作标准与生产行为规范，但是，在实际工作中，一些员工并没有严格按照生产规范进行生产操作；同时，还存在一些员工在工作时间闲聊、偷懒等情况。

C 公司的管理者通过调查发现，员工在工作中之所以会出现这样的行为，是因为管理标准不完善。所以，C 公司的管理者就对工作标准进行了重新审视、检查与完善，制定了以下两项管理标准：

第一，生产操作行为必须严格按照生产规范进行，如发现生产行为不符合操作规范的，则要给予一定的处罚。

第二，工作时间杜绝做与工作无关的事情，一经发现取消当月绩效奖金。

C公司通过完善管理标准，对员工的工作行为做了进一步的规范。自此之后，违反生产操作规范及工作时间开小差的情况明显减少。

通过上述案例可以看出，总结、分析员工的工作行为，能够对现有的管理标准实行有效检验，并有针对性地完善管理标准。企业管理者在总结、分析员工的工作行为时，为了保证分析结果的全面性与准确性，需要分别从以下三个方面进行分析：

第一，分析工作流程。员工的工作行为与工作流程之间有非常密切的联系，大部分工作行为都是按照工作流程执行。所以，企业管理者在分析员工的工作行为时，可以首先分析工作流程；其次，将标准工作流程与员工的工作行为进行对比，检查员工的各项工作行为是否严格按照工作流程进行。

第二，分析工作关系。通常，员工的工作关系会对其工作行为产生直接影响。所以，在检查员工的工作行为时，可以从其工作关系入手，调查其在工作中表现出的状态。员工的工作关系主要包括以下3种（见图9－8）。

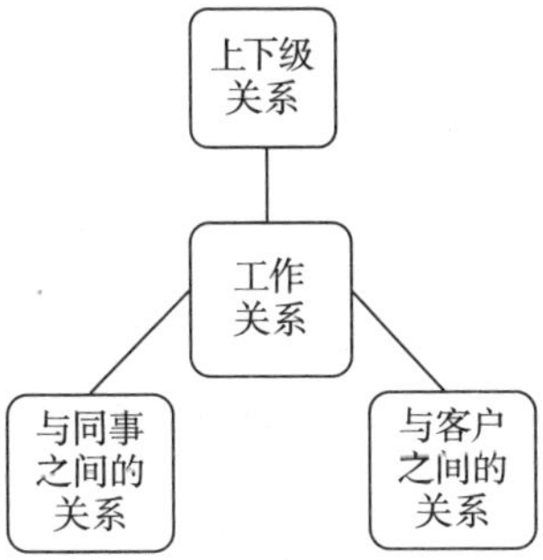

图9－8 员工的工作关系

当员工与各个方面的同事相处和谐时，其工作行为就会更加顺畅，更加理性。所以，分析员工的工作关系，能够直观地看到其工作行为。

第三，分析工作能力。工作能力是衡量员工工作行为的重要因素。企业管理者分析员工的工作行为时，可以通过员工的工作能力，考核员工在处理工作时的工作效率，以及最终取得的工作效果，以达到分析员工工作行为的目的。

从工作行为中的问题完善管理标准

通过分析员工的工作行为，可以发现其在工作中存在的问题，而这些问题，就是检查、完善工作标准时的重要依据。通过分析问题背后的原因，可以快速找出管理标准中存在的漏洞，并有针对性地完善管理标准。

在从员工的工作行为中发现问题时，应该在对员工的工作行为进行全面分析的基础上，找出由于管理标准不完善而导致的问题。如果某项问题不是由于管理标准不完善而导致的，则不被列入检查、完善管理标准时的工作中。

企业管理者在完善管理标准时，应该涉及管理标准的各个方面，使管理标准得到全面的完善。通常，管理标准主要包括以下几个方面（见图9－9）。

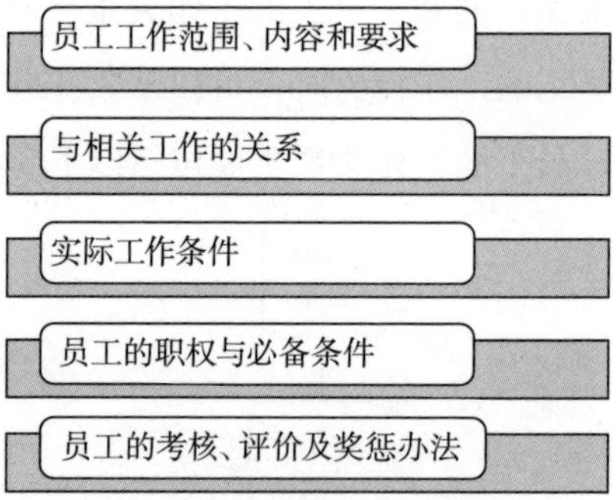

图9－9　管理标准的主要内容

企业管理者在检查、完善管理标准时，应该从图9－9中所列出的几个方面做评估，检查管理标准中存在的问题。

在上述案例中，员工行为存在的一个突出问题是生产过程中没有严格按照生产规范进行操作，以及一些员工在工作时间做与工作无关的事情、开小差等。通过分析可以发现，这两个问题是由于工作标准不完善导致的。所以，可以针对具体的问题，分析工作标准的漏洞，并由此完善工作标准。如工作时间开小差，是工作时间管理标准中缺少“工作时间不得从事与工作无关的事情”这一内容导致的，在完善工作标准时，就要将其补充在工作标准中；而生产过程没有严格按照生产规范进行操作，是因为工作标准中缺少“生产过程要严格按照生产规范进行操作”这一内容，在完善工作标准时，就要将这一项内容补充在工作标准中。

而如果员工在工作中存在生产知识不足，导致生产效率低下的问题，通过分析可以发现，这一问题并不是由于工作标准不完善导致的，而是由于员工生产知识不足导致的。在根据员工的工作行为检查工作标准、完善工作标准管理体系时，这一问题则不被列入考虑的范围之内。

企业管理者要能够寻找员工在工作中存在的工作行为方面的问题，同时，也要能够准确辨别某一具体的问题是否由于工作标准不完善所导致的。只有准确地找出由于工作标准不完善导致的问题，才能根据问题倒推出工作标准中存在的问题，并有针对性地对工作标准进行完善。

下篇

标准要量化

第十章

完善标准找问题，看到问题才能找对方法

由于外部市场与内部环境的变化，以往的工作标准放到现在，有可能存在诸多漏洞。所以，工作标准应持续完善。完善标准，实际上就是一个寻找问题、解决问题的过程，针对具体问题做出最终优化。

1

PDCA 检查法，不断循环，不断完善

标准完善是一项持续的工作，为了保证工作标准能够得到持续的完善，可以利用 PDCA 循环，不断查验工作状态，从中找出工作标准中存在的问题。

PDCA 循环又被称作戴明环，由美国质量管理专家戴明博士提出，是企业进行全面质量管理应该遵循的科学程序。PDCA 是英语单词 Plan（计划）、Do（执行）、Check（检查）和 Action（行动）的首字母，PDCA 循环就是按照这样的顺序进行质量管理，并且循环不止地进行下去的科学程序。

总体来说，PDCA 循环具有以下特点（见图 10－1）。

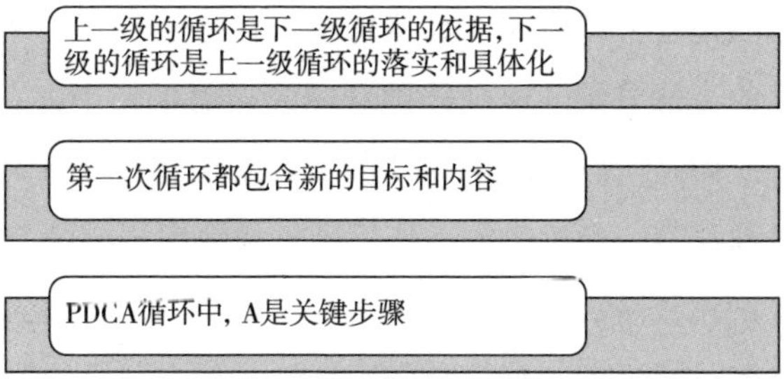

图 10－1　PDCA 循环的特点

在通过寻找问题完善工作标准的过程中，通常需要遵循以下流程（见图 10－2）。

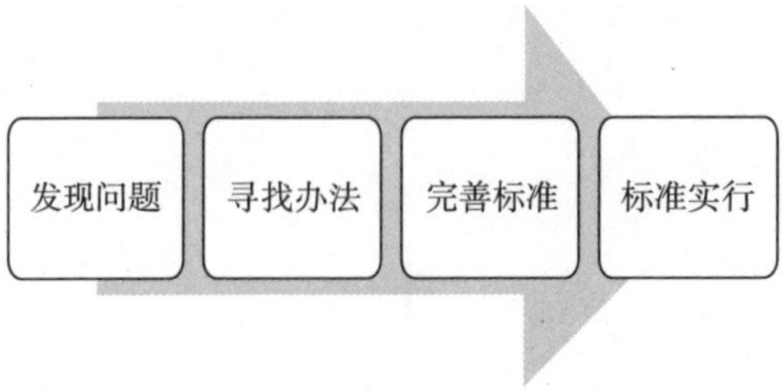

图 10 –2　完善工作标准的流程

而工作标准的完善工作并不是一蹴而就的，根据各方面条件的变化，工作标准在不同的时间与条件下的要求也有所不同，所以，完善工作标准是一项循环的工作。在这样的情况下，就可以引入 PDCA 循环，对工作标准做循环的完善，以保证工作标准能够保持其适用性。

P，Plan，分析问题，制定改进计划

在利用 PDCA 循环完善标准的过程中，首先应该分析现状，找出问题，然后有针对性地制定完善计划。

通过对现有工作状态的分析，可以发现由于工作标准不合适而出现的各种问题。而通过分析这些问题，可以找出完善标准的具体方向，并制定详细的标准完善计划。

某家化妆品销售公司在完善其工作标准的过程中，首先对当前的工作情况做了详细的了解分析。通过分析发现，当前工作中存在的最主要问题是销售额过低。而之所以出现这样的情况，是由于销售员缺乏必要的销售技巧，销售过程没有一套科学的工作标准，导致销售成绩差。

为此，这家化妆品销售公司制定了相应的标准完善计划，对销售员的销售过程提出统一的要求，销售员在销售的过程中，必须严格遵守。

D，Do，执行标准完善计划

根据出现的问题制定了相应的改进计划之后，就要将计划实施在实际工作当中。只有将改善后的工作标准在实际工作当中实施，才能验证完善

后的工作标准是否真正适用。

为了保证实施效果，企业管理者需要控制实施过程。

首先，企业管理者应该向员工说明工作标准的必要性，以及完善标准的重要性，引起员工对工作标准实施的重视。

其次，要在实施工作标准之前，让员工对工作标准有充分的了解。通过管理者对员工讲解工作标准的具体内容，以及员工利用工作之外的时间对工作标准形成一个完整的认识，能够大大提升工作标准的执行率。

最后，制定相应的奖惩措施。一定的奖惩措施能够督促员工落实工作标准。所以，企业管理者可以根据企业自身与员工的实际情况，制定一系列奖惩措施。工作标准执行率高的员工可以获得一定的奖励，而执行率低下、对工作标准不重视的员工，则要接受一定的惩罚。

C，Check，检查工作标准实施效果

当完善后的工作标准实施一段时间之后，企业管理者就要对工作情况做详细的检查和梳理，了解工作标准的实施效果。通过检查实施效果，可以发现修改完善后的工作标准是否适用于实际工作，并及时发现仍然存在的问题。

在检查工作标准的实施效果时，企业管理者可以从以下几个方面进行：

第一，检查工作效率。工作效率是工作情况好坏的最直接判断依据。通过检查工作效率与实施标准前有无明显提升，可以大致判断工作标准是否在工作中起到了作用。

第二，检查工作秩序。工作标准的一个重要作用就是规范员工的工作行为，维持良好的工作秩序。所以，在检查工作标准的实施效果时，可以检查工作秩序，如果工作秩序较之前有明显提升，则证明工作标准发挥了作用。

第三，检查问题。在实际工作的过程中，往往会暴露出各种各样的问题。而这些问题，能够为之后的标准完善工作提供方向和思路。所以，企

业管理者应该重点检查实际工作中暴露出的各种问题。

A，Action，**针对问题做改进和调整**

当检查完工作标准的实施效果之后，就要对检查结果进行总结。在总结中，要找出实施效果中成功的一面，同时也要找出工作标准实施过程中仍然存在的问题。对于其中成功的一面，要与相关的工作标准进行对应，并将这一部分适合的工作标准加以肯定，在之后的工作中固化，使其成为工作中的固定标准。

而对于工作中仍然存在的问题，企业管理者也应找出导致问题出现的相关标准，并需要针对问题，制定相应的改善计划，对工作标准做进一步的修正与完善，之后进入下一个 PDCA 循环过程。

总而言之，工作标准的完善是一个需要多次重复的工作，只有在不断的完善中，工作标准才会变得更加适用。

2 目标指向，杜绝与目标无关的词语

制定工作标准的最主要目的就是规范工作行为，实现工作目标。所以，工作标准中必须体现工作目标。在工作标准中，杜绝出现与工作目标无关的词语和内容。企业管理者在完善工作标准时，应检查工作标准中是否包含与工作目标无关的内容，从而保证工作标准的目标指向性。

寻找工作标准中与工作目标无关的词语和内容

企业管理者在完善工作标准、保证工作标准的目标指向性时，首先应分析现有工作标准，寻找工作标准中与工作目标无关的内容，然后予以清除，以完善工作标准。

张阿姨是一名小区保洁员，根据岗位职责，其工作目标之一就是制止所负责的区域内楼道中的乱堆、乱放、乱贴和乱停行为，保证楼道里的整洁。为了保证保洁员能够更好地完成各项工作，张阿姨所在的保洁公司给保洁员制定了一系列的工作标准。而其中针对“制止所负责的区域内楼道中的乱堆、乱放、乱贴和乱停行为，保持楼道里的整洁”这一工作目标所制定的工作标准为：天台每四天打扫一次，天台及楼道内要求无杂物堆放，无自行车停放，保持楼道的安静，禁止人员喧哗。

保洁员的工作目标是要保持楼道内的整洁，避免因乱停、乱放等导致楼道内空间杂乱。而工作标准中，除了要求楼道内无杂物堆放、无自行车停放之外，还要求保持楼道内的安静，禁止人员喧哗。显然，“保证楼道内无杂物堆放、无自行车停放”符合工作目标要求，但是“保持楼道的安静，禁止人员喧哗”却与工作目标无关，并不在楼道清洁的范围内。所以，与工作无关的内容不要出现在工作标准中，否则，非但不会对提升工作质量有任何帮助，还会引起工作人员认识的混乱，抓不住工作要求的重点。因此，在完善工作标准时，要重点清除此类与工作目标无关的词语和内容。

将工作目标与工作标准一一对应

工作标准应该具有目标指向性，企业管理者在完善工作标准时，通过寻找工作标准中与工作目标无关的词语，可以对工作标准中的无效内容做出一定的剔除处理。而要想真正杜绝与工作目标无关的词语和内容，就要在完善工作标准时，将工作目标与工作标准一一对应，使工作标准与工作目标高度一致。

以上述保洁员的案例为例。保洁员的工作通常包含多个小目标，企业管理者在完善工作标准时，就要根据每一个小目标制定工作标准，使工作标准与工作目标高度一致。如“制止所负责的区域内楼道中的乱堆、乱放、乱贴和乱停行为，保持楼道里的整洁”这一工作目标，就可以将工作标准制定为天台每四天打扫一次，天台及楼道内要求无杂物堆放，无自行车停放；而“清运责任区生活垃圾”这一工作目标则可以将工作标准制定为：生活垃圾每天上午、下午各清运一次，要求垃圾桶外表干净，地面无污痕，桶内无异味。

根据以上方法，保洁员的工作目标分别为：

第一，保证负责区楼道的整洁。

第二，制止所负责的区域内楼道中的乱堆、乱放、乱贴和乱停行为。

第三，清运责任区的生活垃圾。

第四，监管责任区内空置房屋，发现问题及时汇报。

第五，清扫责任区绿化带。

第六，按时完成上级指派的其他工作任务。

将工作标准与工作目标对应，其完善后的工作标准为：

第一，楼道内每日扫、抹、拖一次，要求地面光洁、无污迹，顶、角无蜘蛛网，墙面无乱贴、乱画现象。

第二，天台每四天打扫一次，天台及楼道内要求无杂物堆放，无自行车停放。

第三，绿化带每日清扫两次，要求无杂物、无落叶。

第四，生活垃圾每天上午、下午各清运一次，要求垃圾桶外表干净、地面无污痕，桶内无异味。

依据 5W1H 原则设定工作标准内容

在完善工作标准时，要想通过工作标准给员工提供工作依据，就要保证工作标准内容的合理性，而要想通过工作标准表现出具体的工作内容，其内容就要符合 5W1H 原则。

5W1H 原则完整体现了一项工作所需要表达的要素，通过 5W1H 原则，能够使人准确理解所制定的工作内容（见图 10－3）。

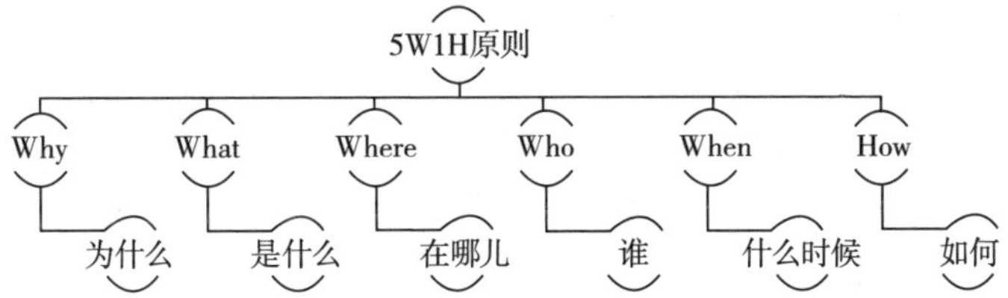

图 10－3 5W1H 原则

依据 5W1H 原则设定工作标准内容，可以明确工作内容、责任者、工作岗位、工作时间、怎样操作以及为什么这样做等问题，可以准确描述工作内容，完成工作标准的设置。以 5W1H 为依据所设计的工作标准的内容，包含了全部的工作要素，使工作人员对工作目标与工作内容一目了然，从而更好地执行工作。

总体来说，企业管理者在完善工作标准时，要寻找工作标准中与工作目标无关的内容，并利用 5W1H 原则，准确设置工作标准中的具体内容。

3 显示原因与结果，标准才能有效果

好的工作标准能够给员工提供明确的工作方式，以保证最终的工作效果。要想让员工能够通过工作标准明确具体的操作方式，则工作标准需要显示原因和结果。通过明确工作发生的原因以及应该达到的工作结果，表明整个工作的过程，给员工提供行动的依据。某家大型焊接技术有限公司，为了保证工作标准的合理性，定期对其工作标准做一定的完善。为了保证在完善工作标准时能够将工作标准修订得更加合理，这家公司的管理者首先会对当前的工作标准进行检查，然后针对工作标准中的不足之处进行完善。例如，在检查一项关于焊接零件的标准时，其现有的工作标准为：焊接厚度应为 3 微米。但是，经过调查发现，即使有这一工作标准作为工作依据，实际上所生产出的产品质量仍然参差不齐。通过询问一线的生产人员，最终得知，由于现有的工作标准中只表明了焊接厚度应该为 3 微米，但是并没有说明具体的焊接过程，所以工作人员在实际工作中缺少工作依据，他们无法将焊接厚度控制在 3 微米。

上述案例中，即使该焊接公司已经制定了相关的工作标准，但是由于工作标准中只显示了工作结果，并没有说明具体的能够达到工作结果的方法，员工缺乏行动的依据，所以即使有工作标准，仍然无法保证工作质量。企业管理者在完善工作标准时，应该着重检查自身企业的工作标准中是否存在此类问题，并掌握具体的修正方法。

明确工作结果

在完善工作标准的过程中，要想使工作标准清晰地显示工作原因和结果，首先应该明确该项工作预期达到的工作结果，然后以工作结果为目标，找出达成工作结果的具体方式，最终将具体的工作方式体现在工作标准中。所以，企业管理者在完善工作标准时，首先应该根据具体的工作需求，明确预期的工作结果。

在上述案例中，由于工作标准只表明了工作结果而未说明达到工作结果的方法，导致员工工作质量低下。在对工作标准进行改进与完善时，应该明确预期的工作结果。以其焊接工作标准为例，其预期的焊接工作结果为：焊接厚度控制在 3 微米。这也是完善工作标准的第一步。

分析达成工作结果的具体工作步骤

要想通过工作标准给员工提供工作依据，就要在工作标准中表明达成预期工作结果的具体工作步骤，员工只需按照工作步骤操作即可。

在上述焊接公司的案例中，在明确了工作结果为焊接厚度控制在 3 微米的要求后，就要根据实际工作要求，找出能够将焊接厚度控制在 3 微米的具体工作方法与工作步骤。

通过实际工作需求分析，要想将焊接厚度控制在 3 微米，就要在焊接过程中将电流控制在 3.0A，并持续焊接 20 分钟。而这样能够达到预期工作结果的工作步骤，就要表现在工作标准中，以明确具体的工作方法。

从工作步骤中提取要素，制定工作标准

要想将工作步骤体现在工作标准中，就要学会从工作标准中提取相关要素，将其制定成准确、简明的工作标准。在上述案例中，可以达到工作结果的具体工作步骤为用 3.0A 的电流持续焊接 20 分钟，具体的操作人员为焊接工人。所以，通过分析，其中的要素为 3.0A 的电流、持续焊接 20

分钟、焊接工人。

将要素制定成可以反映出具体工作方法的工作标准，则可以将工作标准制定为：焊接工人用3.0A电流持续焊接20分钟来获得3.0微米厚度的焊接零件。

通过以上方式，可以保证工作标准能够显示原因和结果。企业管理者在完善工作标准时，可以通过以下几点，实现工作标准的完善，使工作标准能够准确显示原因和结果。

第一，梳理工作流程，确定流程控制点。要使工作标准能够显示原因和结果，首先应该梳理具体的工作流程，从中找出各个流程环节。通过梳理各个相关职能部门的主流程图，并根据主流程图梳理出相应的子流程图，最后根据每一个子流程图找出相应的工作流程。通过分析工作流程，找出其中的控制点。

第二，根据流程控制点找出工作步骤。在确定了流程控制点后，还应该将具体的工作步骤划分出来。在划分工作步骤时，应该有统一的标准，既可以根据时间的先后顺序进行划分，又可以根据事情的轻重缓急来划分。

第三，提炼工作步骤中的要素。在划分出具体的工作步骤后，则需要提炼每个步骤中的要素，通过各个要素的组合，可以保证能够达成预期的工作效果。

第四，将各要素制定成工作标准。工作标准中应该显示工作原因和工作结果，但是，工作标准的简洁性同样重要。而要想同时满足这两个要求，就要将从工作步骤中提炼出的要素制定成工作标准，这样既可以保证工作标准的简洁性，还能表明工作步骤，显示达成工作结果的具体方式。

4 让每个人都能以相同的方式解释标准

通常，工作标准并不是只为某个人设定，而是同时面向一个部门或者一个工作群体。在这样的情况下，要想工作标准能够同时在每个人的工作中起到同样的约束作用，就要保证每个人都能以相同的方式解释工作标准，即工作标准要表述准确，不能出现歧义。工作标准一旦出现歧义，不同的人对工作标准中所表达的工作要求理解不一致，那么工作标准就无法起到规范工作行为的作用。

赵忠是一家大型食品生产企业的生产部经理。为了维持生产秩序，保证生产效率，赵忠针对生产部的工作制定了一系列的工作标准。其中一项工作标准如下：

生产部的 3 个生产小组组长每月 15 日前去向生产经理汇报当月生产情况。

赵忠本来认为自己制定的工作标准非常完善，通过实行工作标准，3 个生产小组组长都会在 15 日当天向自己汇报各自小组的生产情况。通过这样的方式，自己能够对生产情况做到了如指掌，一定能够维持良好的工作秩序，工作效率也会得到明显提升。但是，实际情况却并不如意。

当这项工作标准实行之后，3 个生产小组组长并没有按照赵忠的预期在每个月的 15 日汇报生产情况。其中，A 组组长在 10 日就汇报了工作情况，B 组组长 14 日汇报了工作情况，只有 C 组组长是按照规定在 15 日汇报的工作情况。

对于这样的现象，赵忠感到既生气又不解，认为A、B两组的组长不遵守工作标准，于是找来两个组长进行询问。“A组组长和B组组长，你们为什么不按照工作标准15日向我汇报工作情况，而是自己选择时间，难道你们对公司的工作标准就这么不屑一顾吗？如果不遵守工作标准，公司只能把你们辞退。”赵忠生气地说道。

A组组长和B组组长听到赵忠的训斥，感到非常委屈，A组组长为自己辩解道：“经理，我是按照工作标准工作的。工作标准规定只要在每个月的15日之前向您汇报工作情况就可以，我是10日向您汇报的，符合工作标准啊。”B组组长也是持相同意见。

赵忠听完二人的解释，恍然大悟，原来工作标准中存在歧义，导致两人对汇报时间的理解出现了偏差。工作标准中的“每月15日前去汇报”，如果在“15日”后停顿，意思是在15日当天去汇报；而如果在“15日前”停顿，意思则变成了在15日之前去汇报。正是由于工作标准中存在的歧义，导致了各小组组长在工作行为上出现了偏差。

工作标准一旦出现歧义，会严重影响员工对工作标准理解的准确度，进而影响工作质量。所以，避免工作标准中的歧义，使每个人都能以相同的方式解释工作标准，是完善工作标准的一个重要内容。

掌握常见的歧义句式类型

企业管理者在消除歧义、完善工作标准时，首先应该了解、掌握常见的歧义句式类型，之后才能在寻找工作标准中的歧义时做到快速、准确、全面。

常见的歧义句式类型主要有以下几种：

第一种，多音、多义词语造成歧义。当一些文字是多音、多义字时，在同一句话中，不同的读音、语义可能产生不同的意义。例如：

（1）这间房间没有锁。其中，“锁”既可以理解为名词，也可以理解为动词。

（2）这个人好说话。其中，“好”是多音字，不同的读音可以分别理解为爱好、喜欢；也可以理解为易于、便于。

第二种，停顿不同造成歧义。句子在朗读过程中的停顿方式不同可使得句意产生明显差别。例如；

这样批判性的文章，我写不好。如果句子停顿为“这样批判性的文章，我写，不好”，则意为“这样的文章由我写不合适”；而如果句子停顿为“这样批判性的文章，我，写不好”，则意为“我的水平不够，这样的文章写不好”。

第三种，主语不明造成歧义。主语不明确，造成指代不明。例如：

我看见小明扶着一位老人走过来，手里提着一个黑色皮包。后半句的主语不明确，“提着黑色皮包”的既可以是小明，也可以是老人。

第四种，动词的施受对象不明。例如：

小张是前几天才调到公司的，许多同事还不认识。“不认识”的主语不明确，既可以理解为小张不认识很多同事，也可以理解为很多同事不认识小张。

第五种，介词的管辖范围不明。例如：

至于对经理的意见，我说不出什么。介词“对”的宾语既可以理解为经理，也可以理解为经理的意见。两种理解方式所得出的意见截然不同。

第六种，连词的管辖范围不明。例如：

在本次运动会中，每个班有比赛项目的男生和女生的一半要保证参加本班的入场式。既可以理解成男生的一半加上女生的一半，也可以理解为所有男生另外加上女生的一半。

第七种，修饰语层次表明造成歧义。例如：

刚才打来电话的是前几天才认识的小刘的姐姐。前几天刚认识的既可以理解为小刘，也可以理解为小刘的姐姐。

消除歧义，完善标准

企业管理者在掌握了歧义句式的常见类型之后，为了准确找出工作标准中的歧义，还要掌握如何辨别句子是否存在歧义（见图 10 -4）。

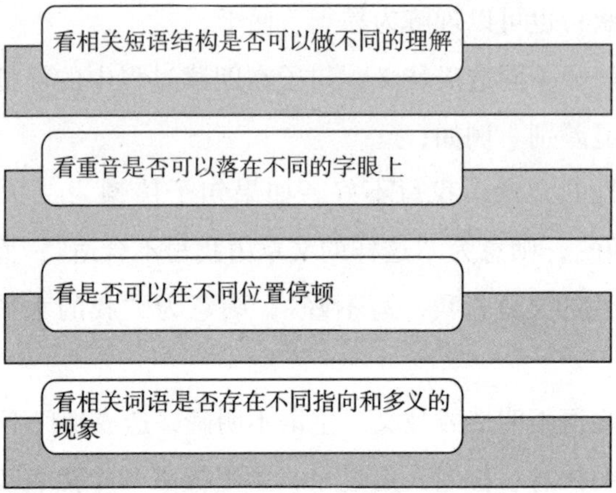

图 10－4　辨别句子是否存在歧义的方法

当辨别出工作标准中可能产生歧义的句子之后，就要对工作标准进行修改，以消除其中的歧义，完善标准。通常，消除句子中歧义的方法主要有以下几种（见图 10－5）：

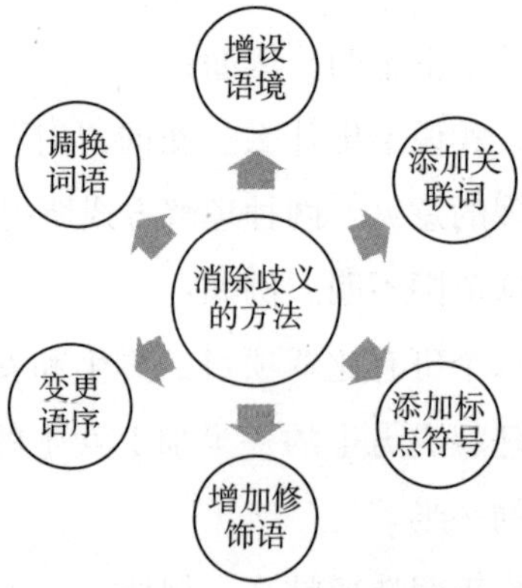

图 10－5　消除句子中歧义的方法

例如："我要热饭"这句话，如果只用这一句话，就存在歧义，既可以理解成"我要吃热的饭"，也可以理解成"我要去热饭"。为了消除歧义，可以采用增设语境的方式，改为"我要热饭，（不去洗菜）"，或者"我要热饭，（不要冷饭）"。

再如："他站在广场上，一边站着一个孩子"，既可以理解为"两边一边站着一个孩子”，也可以理解为“其中一边站着一个孩子”。为了消除歧义，可以利用改换词语的方式，将句子改为“他站在广场上，两边各站着一个孩子”，或者“他站在广场上，旁边站着一个孩子”。

5

避开模糊词语，表达准确效果才能到位

工作标准，是对工作中各项内容的规范。企业通过制定工作标准，给员工提出了各项工作要求。而要想工作标准能够真正起到作用，就应该保证员工能够准确理解工作标准中表达的意思，这样才能在实际工作中按照工作标准工作。所以，企业管理者在完善工作标准时，要着重分析工作标准中是否包含可能影响理解的模糊词语。通过检查并剔除工作标准中的模糊词语，保证工作标准表达的准确性。

寻找标准中影响理解的模糊词语

在完善标准的过程中，为了保证工作标准表达的准确性，就要看工作标准中是否包含模糊词语。只有找出其中的模糊词语，才能对工作标准进行有针对性的完善，使工作标准表达得准确、无歧义。在寻找工作标准中的模糊词语时，可以对工作标准施行过程中引起的问题进行分析，找出其中包含的模糊词语。

张先生就职于北京一家广告公司，是该公司设计部的主管。为了规范员工行为，保证工作质量与效率，张先生针对设计部员工制定了一系列的工作标准。但是，在实行工作标准之后，虽然工作效率有所提升，但是并不明显。为此，张先生决定对工作标准做进一步的完善，使工作标准的作用能够达到最大化。

张先生认为，要想做好工作标准的完善工作，就要找对工作标准中存在的问题，之后才能对症下药。所以，张先生对工作情况进行了调查，以寻找工作中存在的问题。而在寻找工作标准中存在的问题时，张先生发现在实行工作标准的过程中，普遍存在一个问题，即设计师交稿时间参差不齐，常常出现拖延的情况，以致降低了工作效率。

发现这一问题后，张先生找出了相关的工作标准进行查看。经过检查发现，之所以出现这样的情况，主要是因为工作标准表达不准确，没有规定准确的交稿时间。

工作标准中对于交稿时间的要求为：交稿时间要及时，避免因为时间较长影响工作效率。工作标准中将交稿时间定为“及时”，这是一个模糊词语，员工无法准确理解“及时”的具体含义，即交稿的时间没有具体要求。这也是出现上述问题的最主要原因。

企业管理者在寻找工作标准中可能影响理解的模糊词语时，应该遵循以下步骤（见图 10－6）：

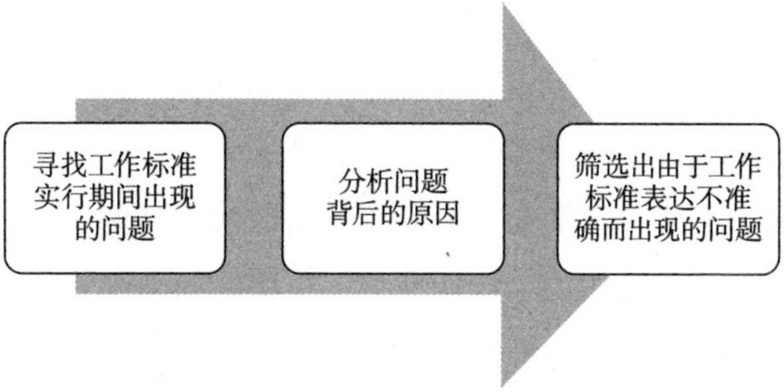

图 10－6 如何寻找工作标准中的模糊词语

根据实际工作要求，用准确词语替代模糊词语

当找出工作标准中所包含的模糊词语后，下一步就是要用准确词语代替模糊词语，以保证工作标准表达的准确性。

为了保证工作标准的适用性，在用准确词语代替模糊词语时，应该以实际工作要求为基础，选择合适的准确词语。如果工作标准中所选择的替代词语不符合实际工作需求，即使完善后的工作标准表达准确，也会因为不符合实际工作需求而影响工作结果。

上述案例中的设计部主管张先生在找出工作标准中的模糊词语后，为了提升工作标准表达的准确性，随即对工作标准进行了修改。但是，在修改工作标准时，张先生却忽略了以实际工作需求为基础，只是一味地寻找准确性词语替代模糊词语。张先生认为，既然将交稿时间定为“及时”表达模糊，没有准确的交稿时间，那么就将交稿时间明确。于是，张先生将工作标准修改为：交稿时间为工作任务下达的第二天。

张先生修改后的工作标准看似表达准确，却不符合实际工作情况。由于设计师设计一份初稿需要经历了解设计需求、初步构想、设计完整稿件等步骤，一天的时间往往不够用。所以，在修改后的工作标准实行过程中，非但没有提升工作效率，还出现了更多的问题。由于交稿时限设置不合理，即使工作标准表达准确，设计师也无法按照规定时间交稿。使得设计师要么拖延交稿时间，要么草草设计，敷衍了事。

之所以在张先生修改了工作标准后，仍然存在很多问题，就是因为工作标准在修改的过程中没有以实际工作需求为基础。修改后的工作标准虽然表达准确，但是并不符合工作需求，所以依然起不到积极作用。

为此，张先生在调查了设计师交稿所需的大致时间后，对工作标准进行了再一次修改。修改后的工作标准为：交稿时间为工作任务下达的三至四天之内。由于这一工作标准既表达准确，又符合实际工作需求，所以在该标准实行之后，设计部的工作效率得到了明显提高。

因此，企业管理者在替换模糊词语、完善工作标准时，首先应该了解工作需求，以实际工作需求为基础，制定表达准确的工作标准，保证工作标准的适用性以及表达的准确性，使工作标准真正发挥出应有的作用。

6

定期完善，不断更新标准

很多企业管理者认为完善一次工作标准就可以一劳永逸，实则不然。工作标准不是一成不变的，而是应该随着工作环境与市场要求的不断变化，做出相应的调整。当下适用的工作标准不代表永远都适用。所以，企业管理者应该将工作标准的完善变成企业的一项固定工作，通过对工作标准的定期完善和更新，保证工作标准能够持续适用。

遵循标准螺旋向上的发展轨迹

工作标准是有机的，其目标不会始终停留在原来的水平，其发展的轨迹是螺旋向上的。如果标准一成不变，那么其终将在不断发展的市场竞争中遭遇淘汰。企业如果坚持一套工作标准，不顾实际工作环境的变化，最终也会因为工作标准不适用而降低工作效率，削弱自身的市场竞争力。

某家大型电子产品生产企业，就是由于工作标准一成不变，最终逐渐失去了市场。这家电子产品生产企业曾经是该行业的龙头企业，有一套完善的工作标准。也正是这套工作标准，使其在一段时间内，保持着很高的工作效率，市场竞争力不断增强。

但是，由于科技的飞速发展，电子产品更新换代不断加快，对于电子产品生产企业也提出了新的要求。而这家电子产品生产企业却依然坚持自己以往的工作标准不变。例如，其工作标准中有一项内容为：工作期间严格保持上下级关系，若有任何工作情况，必须逐级上报，不可越级上报。

并且，各级管理人员必须撰写书面报告，提交申请。

该项工作标准在市场竞争不够激烈、对于电子产品更新换代的频率要求较低的市场中或许有利于其保证工作品质，以获得较强的市场竞争力。但是，现如今由于电子产品更新换代非常快，该企业依然使用之前的工作标准，则生产效率大大降低。往往是当该企业生产出的产品面世时，市场上已经出现了更新型的产品。正是因为这样的原因，该企业逐渐失去了市场。

实际上，工作标准是随着市场需求而不断变化的。当工作标准实行到某一阶段，由于内外部环境的变化，必然会出现滞后、不适应新要求的情况。这时，如果企业仍然坚持现有工作标准不变，则意味着会逐渐失去市场。所以，企业管理者必须以市场需求为导向，遵循工作标准螺旋向上的发展轨迹，定期检查、更新工作标准，使工作标准得到持续完善。

在对待现行标准时，企业管理者应该做到以下几点（见图 10－7）：

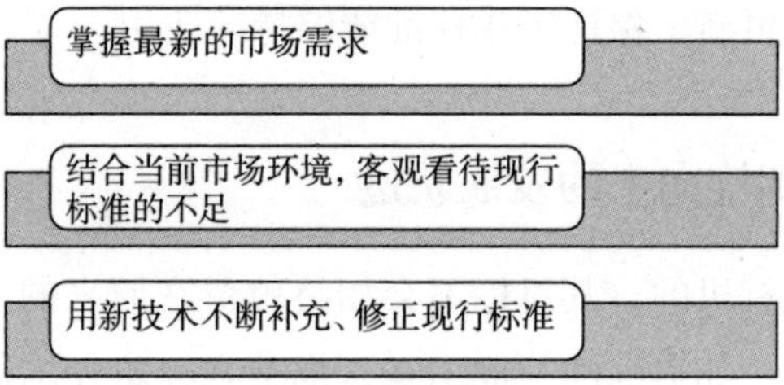

图 10－7　不断更新标准的方法

把握标准修订时机

工作标准的修改与更新是一项系统的工作。由于工作标准对工作行为提出了规范，企业所进行的任何活动都与工作标准有关。工作标准如果不合适，那么将对企业的工作产生直接的影响。所以，企业管理者不仅要遵循标准螺旋向上的规律，不断修正、更新工作标准，更要在更新工作标准时把握好时机，以保证工作标准的合理性。

以生产标准为例，部分企业管理者认为只有等到相关的技术完全成熟之后，才可以重新制定或者修改标准。但是，这样的做法往往会使企业错过最佳的发展时机。

简是一家工业配件生产企业的生产部主管。在修改标准方面，简坚持等到相关的生产技术成熟之后再进行生产。例如，有一次，由于市场需求，对一种半圆头螺栓的需求量不断加大。简所在的公司已经掌握了初步的生产技术，但是并没有形成系统的生产标准。很多员工都认为公司应该将生产技术制定成一套系统的生产标准，并尽快投入生产，以占得市场先机。但是，作为生产部经理的简却认为现在只是掌握了初步的生产技术，必须要等到完全掌握生产技术之后，再制定工作标准。而在等待的过程中，已经有其他竞争对手突破了生产技术，率先将该种半圆头螺栓生产并面市，成功抢占了市场。

正是由于简没有抓住工作标准修订的时机，企业才错失了抢占市场的机会。这不仅让简所在的企业遭受了巨大损失，而且简也因为工作失误受到了处罚。试想，如果简能够在初步掌握生产技术时制定出系统的生产标准，其所在的企业就能率先投入生产，并在掌握了更多技术之后不断更新工作标准，这样就可以迅速占领市场，获得巨大利润。

从上述案例中可以看出，把握标准修订的时机至关重要。在合适的时间修订标准，能够将工作标准的作用最大化。所以，企业管理者在完善工作标准时，要根据市场以及企业自身的实际情况，把握修订时机。

工作标准不能一成不变，也不能随意改变

一成不变的工作标准无法适应市场需求，所以，工作标准要不断更新、不断完善。但是，这并不代表工作标准可以随意更改。

约翰是一名销售经理，在管理工作中，约翰认为工作标准只有经常变化才不会“过时”。所以，约翰总是经常修改工作标准。例如，有一次，约翰针对员工的销售业绩制定了工作标准，规定每个销售员每月的销售额不能低于 2 万元。但是，在该工作标准实行一周之后，约翰认为工作标准制定得过低，又将工作标准修改为：每人每月销售额不能低于 3 万元。在

修改工作标准之后，一些员工对其行为颇有微词，认为公司没有信用。而又过了一周，约翰再次将规定的月销售额提升至4万元。

约翰自认为通过不断修改、提高工作标准能够有效提升销售业绩。但是，实际上，他过于频繁地修改工作标准，导致工作标准在员工心目中失去了权威性，反而大家都不遵守工作标准。最终，销售业绩不仅没有提升，却出现了下降的情况，并且一些员工认为公司管理混乱而选择了辞职。

由此可见，企业管理者在更新、完善工作标准时，要注意更新的频率，切不可因为随意更改工作标准而适得其反。

附录

附录1　人力资源部门工作量化标准

人力资源部门的工作职责主要有：制定本部门的工作计划；制定、修改企业各项人力资源管理制度和管理办法；按照企业发展战略，分析现有人力资源状况，根据岗位需求进行人员规划等。人力资源部门工作量化标准见附表1。

附表1　人力资源部门工作量化标准

序号	分类	量化后工作标准	考核
总体工作要求		人力资源部员工应严格遵照本部门岗位说明书，认真履行本职工作，力争部门月度投诉率为0，服务满意度评分为95分以上	
1	日常工作量化标准	接待来访人员要得体大方，接听来访电话时要用礼貌用语，如：“您好，人力资源部……”	投诉一次扣1分
2		员工咨询相关人力资源问题，应及时详尽地解答；对不清楚的问题，应征询领导意见后再给予解答	投诉一次扣1分
3		值日人员至少每周进行一次部门清洁工作；部门接待后，值日人员应立刻做好整理打扫工作	未按要求进行，发现一次扣2分
4		下班后，应及时整理个人桌面，文件、水杯、文具等物品分类摆放整齐	发现1次扣1分，未及时改正的扣2分

续表

序号	分类	量化后工作标准	考核
5	招聘工作量化标准	严格按照各部门员工编制要求及部门月度人员需求计划进行招聘，月度招聘到岗率达到90%以上	出现未完成情况，根据月度绩效考核量表制定标准扣分
6		严格按照《面试流程管理规定》，做好面试通知及准备工作，做好面试组织工作，做好面试后续工作（包括复试、录用意向及入职准备工作等）	未按要求完成，发现一次扣2分
7		严格按照《新员工入职管理流程》，新员工入职7个工作日内准确完成对其的信息采集、入职培训及入职指导工作；入职当月准确完成新员工入职审批、劳动合同签订、员工档案建立、社会保险申报等方面的工作	出现未完成情况，根据月度绩效考核量表制定标准扣分
8		新员工入职后，每月12日前应对处于试用期员工进行试用期跟踪，并跟用人部门沟通试用员工的工作状态，做好新员工试用记录	未按要求完成，发现一次扣2分
9		接到员工的转正申请及部门审批通过的《转正审批表》，对于符合当月转正的员工必须于当月25日前完成转正手续的审批工作	未按要求完成，发现一次扣2分
10		接到技术类员工上岗申请及部门审批通过的《上岗审批表》，对于符合当月可以正式上岗的员工必须于当月25日前完成转正手续的审批工作	未按要求完成，发现一次扣2分
11	培训管理工作量化标准	注重在工作中收集各部门培训需求，按时拟订公司年度培训计划，并按计划推进培训工作，培训计划完成率100%	出现未完成情况，按未完成比率扣分
12		严格按照公司《培训管理办法》，在培训开展前及时准确发放培训通知，做好培训场地的准备工作，做好培训签到管理工作；做好培训后的回访工作	未按要求完成，发现一次扣2分

续表

序号	分类	量化后工作标准	考核
13	绩效管理工作量化标准	按月推进公司月度绩效考核工作，月度绩效考核工作完成率为100%	出现未完成情况，根据月度绩效考核量表制定标准扣分
14		及时收集各部门绩效考核工作中的意见和建议，不断进行绩效考核工作的完善和考核指标的优化	出现未完成情况，根据月度绩效考核量表制定标准扣分
15		接到员工绩效申诉，必须于5个工作日内做出处理	
16	薪酬福利管理工作量化标准	及时准确地对接员工工资核算信息，包括入离职、级别调整、考勤等信息	出现未完成情况，根据月度绩效考核量表制定标准扣分
17		每月6日前准确核算上月员工工资（节假日顺延）	
18		严格按照相关工作流程及时限要求，及时准确的办理员工五险一金的申报、停缴、变更手续，及时准确率达100%	
19		对员工个人的薪酬福利状况保密，不随意向他人透露员工薪酬福利状况；工资表审批后2个工作日内分发员工工资条至各部门	
20		人力资源部经办人应对员工的工资审批件、社保资料、办理手续、签收记录等进行妥善管理，并按年度整理后于次年初统一移交公司档案室	遗失1次扣5分
21	劳动合同管理工作量化标准	根据员工具体情况，于员工入职1个月内与其签订《××省劳动合同书》《劳务协议》或《实习协议》，合同或协议必须当面签订，确认员工本人签字	发现不规范操作1次扣3分
22		劳动合同（劳务协议/实习协议）签订一式三份，劳动合同的期限为：物流操作岗位员工1—3年，其他岗位员工3—5年，劳务协议或实习协议的期限视实际情况协商确定	
23		每月15日前办理当月员工劳动合同鉴证手续（需员工按要求提供相关证件）	出现未完成情况，根据月度绩效考核量表制定标准扣分
24		每月10日前排查实习学生的实习协议期限及毕业证情况，对符合签订劳动合同要求的实习生，及时办理劳动合同签订与鉴证手续	

续表

序号	分类	量化后工作标准	考核
25	员工档案管理工作量化标准	及时清理员工档案，由专人妥善保管，纸质档案按公司规定时间统一移交公司档案室	出现未完成情况，根据月度绩效考核量表制定标准扣分
26		公司员工归档资料应包含且不限于：员工本人填写的《应聘人员信息表》、身份证复印件、学历证书复印件、职业技能证书复印件、劳动合同、劳务协议、实习协议、购买社保申请或放弃社保声明、《培训服务协议》、考核、任免、奖惩、教育培训、薪资调整、职务异动、离职手续等人事资料；做到每人一个档案袋	
27		建立公司员工花名册，建立员工电子档案，并于当月月末前进行人事电子档案信息更新工作	
28		完善员工签收资料、借阅档案的手续	发现不规范操作1次扣2分
29	员工休假管理工作量化标准	人力资源部全员均要熟悉公司各项休假标准及请假流程，对员工的休假疑问做出及时详尽的解答	出现员工投诉，一次扣1分
30		严格按照公司《员工考勤管理规定（暂行）》《员工带薪年假管理暂行办法》《员工年休假管理补充规定》等规定处理员工日常考勤的核查、登记工作	发现不规范操作1次扣2分
31	员工异动管理工作量化标准	每月7日前完成公司上月人员异动情况的梳理，分析人员异动情况，反馈离职发生部门，并定期整理员工思想动态调查报告	出现未完成情况，根据月度绩效考核量表制定标准扣分
32		严格按照公司《员工离职流程规范》，根据员工离职情况，及时准确地办理员工离职手续，做好离职员工的面谈和原因分析工作；及时做好离职员工的考勤、薪资结算等工作	
33	员工关系工作标准量化	人力资源部每位员工都应及时学习及掌握人力资源各项法律法规、福利政策及公司的有关规定，对员工的有关疑问应根据国家和公司的相关规定做出及时详尽的解答	出现员工投诉，一次扣1分
34		有计划地进行员工访谈和员工职业辅导，了解员工关心的问题，了解员工对工作、生活等方面的意见和需求，了解员工的思想动态，帮助公司建立更有效的员工沟通渠道	
35		公司各项人事制度的变更、修订，应及时告知员工	出现员工投诉，一次扣1分

附录2　财务部门工作量化标准

财务部门是企业的职能部门，其主要职责是在企业的整体发展目标下，进行关于资产购置、资本融通、经营中现金流量以及利润分配的管理。财务部门在企业的生产经营中发挥着重要的作用。在财务部门，不同的工作岗位其工作分工明显不同，工作标准也有很大差别。财务部门工作量化标准见附表2。

附表2　财务部门工作量化标准

工作岗位	工作量化标准
财务总监	（1）各部门需在月末将下月用款及预计收款的计划报财务总监 （2）财务总监按照合同审核用款及收款的合理性，提出意见，做出现金预算表后上报总裁 （3）各部门的日常用款在预算内的正常批复如果超出预算，则需由用款部门另行说明，10万元以下的款项由财务总监及副总裁同意即可，10万元以上的款项需总裁同意方能支付 （4）审核公司的财务报表，对内部成本的核算提出意见，做出财务分析 （5）每周末财务总监需对库存现金进行盘点，盘盈与盘亏的现金按照财务制度处理 （6）调度及保障公司正常运作所需资金，在资金不足时，向总裁提出融资建议 （7）严格保管公司的财务专用章，牵涉到具体账务的文件需要盖财务专用章时须经会计主管确认 （8）按月上报退税的情况，按季退税 （9）对于各个公司的用款申请，如果公司资金调度不开，应与总经理磋商并给予回复 （10）要求公司的用款必须以银行承兑汇票优先 （11）检查公司上报的业务报表，如发现未及时完成的，需上报行政部

续表

工作岗位	工作量化标准
会计主管	（1）每日与财务核对逾期账款，并将变动情况书面汇报给财务总监 （2）每周将公司的库存、借据、暂支、返利未到位的情况书面汇报给财务总监 （3）每月27日出具公司内部报表及月度费用明细表 （4）月末与出纳核对现金及银行存款日记账的余额，发现错误应立即上报财务总监并查明原因 （5）严格按照税法及会计制度把关报销的票据 （6）月末与各业务往来单位对账，对方对账单送到后，必须在一周内核对清楚并回复
会计	（1）每日审核出纳编制的记账凭证，及时指出错误并指导出纳修改 （2）月末汇总记账凭证，做出科目汇总表 （3）及时登记各类明细账账簿，按月结出各科目发生额及余额 （4）次月十日前将公司对外报表报出，并按时申报纳税 （5）保管发票，当票量不足五张时，应及时上报财务总监 （6）发货前，必须审查该业务单位的资料，如有逾期账款的，一律不予发货；如无逾期账款，则计算毛利率，达到公司规定的毛利率方可同意发货。未达到毛利率的必须由公司总经理及业务风险部同意后方可发货
出纳	（1）为满足公司日常用款的需要，出纳须在上午将现金取回，如有特殊原因需用现金，另外提取。库存现金不得低于10万元，上限为20万元，超过上限的现金不允许过夜，需及时送存银行 （2）现金收入及核销暂支款项，出纳清点款项后开具收据。收到的业务款项如为支票或汇票方式的，上午收到的，须在当日银行营业结束前入账；银行营业结束后收到的，须在次日上午入账 （3）个人领取现金必须填写“暂支单”，个人领取支票或汇票必须填写“支款审批单”，出纳见到要素及签字齐全的单据方能提供资金。当日批复的款项，出纳须在当日下午四点之前办理完毕。个人出差暂支的规定必须在回公司后的三日内将暂支核销完毕，如果没有及时报销的，按公司资金运营成本罚息，出纳必须要求其立即核销，同时将情况上报行政部。如出纳不报，属失职行为，与当事人承担同等责任 （4）收入的票据全部要登记在“票据登记簿”上，领用人必须在登记簿上签名及说明用途。登记的项目为出票人、出票日期、票面金额、到期日。背书转入或转出的票据均要复印，据以入账 （5）业务款项进账后，出纳须在一小时间内通知各业务员 （6）逐日登记现金、银行存款日记账账簿及公司内部的资金流水账 （7）每日记账凭证必须及时编制，有特殊情况未能完成的，须在次日工作结束前编制完毕 （8）每日必须将原始单据签字完成，如有特殊原因电话征得领导同意的，须在次日上午前补齐签名 （9）每个工作日结束前，出纳需将各银行的存款变动情况书面汇报给财务总监及业务风险部 （10）每周五必须将本周各部门的用款情况及回款情况做出表格上报财务总监 （11）月末日记账与银行对账单核对，调出未达账项，做出余额调节表。未达账项要及时查清原因 （12）支票及汇票错投银行带来的损失由出纳自行承担

附录3　市场部门工作量化标准

市场部门是企业组织架构中不可或缺的组成部分，对于企业的产品营销及销售发挥着重要的作用。由于工作性质的特殊性，市场部门的工作职责通常会涉及多个方面。市场部门工作量化标准见附表3。

附表3　市场部门工作量化标准

分类	工作职责	量化标准
年度营销方案与月度营销方案计划拟定	市场营销环境调研分析和市场预测	随时了解国家宏观经济政策、同行业及市场需求变化状况，并对各类信息进行分析预测，在每月公司经营分析会汇报反馈，并对营销工作实施调整部署
	营销战略制定与部署	上年12月根据市场外部环境结合企业战略规划确定年度产品营销战略，并向各片区传达部署。每月计划会下达部署次月营销任务指标
	年度营销策划方案的拟订与目标分解	根据年度营销战略制定具体的营销策划方案，并将公司年度营销目标各项指标任务分解到各个小组
	营销方案实施过程的监控、评价调整	每月对营销方案实施过程进行全过程监控并根据市场环境的变化及时调整具体措施，具体情况及时向主管领导汇报
	月营销目标计划的拟定下达	组织指挥各小组执行公司年度营销战略计划，每月29日前向各小组分解下达次月营销目标计划
	欠款回收方案的拟定与执行	上年12月底之前拟定次年度老款清收方案，方案具体、详尽，办法具体，时限明确并落实在个人月工作计划中

续表

分类	工作职责	量化标准
市场开发与网络建设	市场信息的采集分析与运用	通过多种途径了解掌握国家、自治区投资趋向、同行业相关信息资料，对潜在客户的需求以及市场对公司产品的认知度、满意度进行调查
	对市场信息、客户信息的真实性予以验证	随机深入市场，通过电话或实地查看的方式验证市场信息，要求客户信息的真实性验证率100%
	开发目标客户，并建立供销关系	完成公司下达的营销目标任务，优良客户巩固率100%，开发大中型代理商客户每季度不少于一个
	建立完整、规范的客户档案，绘制公司营销网络图	业务员按要求在合同订立的同时填写上报信息客户档案卡片，每月增补营销网络图内容
	定期对大中型客户需求情况进行跟踪回访和满意度调查	对大中型优良客户每月一次进行回访，掌握客户需求及对公司产品的评价并以书面形式上报回访调查分析材料
部门行政事务	销售预订计划，部门月工作计划的拟写上报	按部门职责、月工作重点及经理书面通知，编写上报月工作计划
	市场部文件、材料的拟写、管理考核办法的起草	按照管理体系要求结合部门职能特点起草出台考核管理办法，并根据考核适用性每季度修订评价一次，一般性文件、材料的拟写不超过24小时
	市场部与各片区之间管理信息的传递	接到文件、传真件、书面材料、电话及各类指令通知，5分钟内传递给指定人员
	文件、各类书面材料收发保管及空白合同领用登记	对文件分类建册登记保管；按要求及时完成文字处理，文字、数据准确无误
	通讯费、物业费结算	每月29日与电信、物业部门结转话费、水、电、取暖费，电话出现故障，1小时内与主管部门联系解决
	市场部行政章、合同印章管理	按规定程序办理合同盖章手续，建立并办理市场部合同章登记手续

续表

分类	工作职责	量化标准
营销运作	合同要件设立中的固定条款	固定条款表述准确，符合《合同法》要求
	依据达成的供货意向填写产品名称、规格、数量、价格、货款总额、结算方式、违约责任等条款	价格、结算方式、违约责任等条款必须执行合同价格，小组规定的标准及《购销合同管理办法》，特殊约定需报批
	购销合同、合规性评价确认	每月一次约请公司法律顾问对当月所有购销合同进行法律确认，并将结果反馈给合同签订人，对不合规项整改过程进行检查验证
	按 ISO 9000 标准对所有购销合同进行评审	组织合同评审小组对合同要件中价格、结算方式、需方名称、印鉴、收货提货人授权等有效性进行评判
	与客户面谈合同事项	依据评审后的合同文本约定条款与客户当面沟通达成共识后，签订合同
	审核合同条款重点事项，验证合同评审内容程序	对合同约定的价格、结算方式、违约责任、评审内容程序进行审核验证
	审核授权委托书、责任人审核签字等事项	授权委托书中代理人、提货、收货人、委托人签名盖章，各责任人审核签名清晰齐全
	合同条款内容一致性检查	检查验证提货单位与需方单位名称是否一致，抵押手续是否齐全
	财务结算程序、结算发票签收程序监控	按《会计法》及发票管理规定进行检查，检查率 100%
	合同风险评价滚动量、结算方式风险控制评价	每月底检查各客户合同约定中滚动量、结算方式执行兑现状况

续表

分类	工作职责	量化标准
监控营销管理人员企业行为	管理评价部门管理人员基本行为规范和各类书面材料完成状况	上班、开会、学习培训、办公室整洁，物品摆放整齐。考勤制度严格执行公司相关制度的规定。按指令要求上报书面材料
	对周工作计划的制定、各项指令的执行落实情况进行验证、评价	按规定制定并上报周工作计划。工作计划执行完成率100%，各项指令执行率100%，完整性100%
	对营销系统全体管理人员职业道德、保守秘密情况进行监控、评价、考核	忠诚企业，诚信守约，维护企业声誉，保守企业机密
	对管理制度中个人职责有关事项的规范性进行验证考核	每月两次对价格运费、发货程序、产品发运、数量核验，收据、发票管理、诉讼凭据、合同管理、客户档案等的规范性、准确性进行验证、督查、考核
	督促、核报部门人员各项费用	每月30日前督促审核部门所有人员费用，并上报公司财务。根据各片区市场需求，每月20日上报次月营销预订计划
贷款清收	欠款凭证的获取	每月对2万元以上的欠款户进行逐户按诉讼标准自行获取或督导各责任人提供欠款证据，并按要求做出书面审核检验记录，对确定诉讼欠款户的责任人获取欠款证据的合法性、有效性进行抽检督导
	运用司法手段清收欠款	主动协调、配合在清欠工作中，通过清理和澄清，做好清欠工作笔录，每月分片区、年度及经办人进行债务状况分类；依据债务分类表及现有资料，及时整理诉讼所需原始资料
	督导、跟踪各责任人清欠	按计划督导、跟踪经办人回收所欠老货款；随时进行电话跟踪或实地督导，了解各责任人清收进度，并每月编制《清收计划》

附录4 研发部门工作量化标准

研发部门负责企业相关产品与技术的开发工作。研发部门工作量化标准见附表4。

附表4 研发部门工作量化标准

工作类型	量化标准
新产品研发	1. 制定本部门有关二级、三级文件 2. 执行订单合同评审 3. 收集并分析产品市场信息，进行新产品立项，设计并制作样板 4. 管理产品技术并协调现场生产技术，协助工艺编制与审核 5. 对研发出的新产品试验运行进行跟踪并及时改进 6. 制定新产品开发计划并实施 7. 制定新产品开发预算和研发计划，并组织实施 8. 根据产品需求设计产品方案 9. 认真、及时改进产品设计
新技术研发	1. 组织开展国内外学术、信息、技术交流，对新技术、新设备、新工艺、新经验进行深入调研，并在公司范围内积极推广 2. 根据国家和地方的相关规范、规程、规定及标准，结合公司实际情况，起草和编制企业相关专业实施标准，并在公司内部进行培训 3. 结合公司实际开发的项目，提炼出相关课题，组织公司内部有关专家进行研究，为将来开发的项目提供技术支撑 4. 参与公司相关技术专题研讨会，提出相应的解决方案 5. 公司技术数据库的建立和维护 6. 负责与外部技术专家的协调工作

附录5　采购部门工作量化标准

采购部门是企业负责生产物资采购的部门，在生产经营中发挥着重要作用。采购部门工作量化标准见附表5。

附表5　采购部门工作量化标准

工作岗位	量化标准
采购部经理	（1）分配采购部人员的日常工作 （2）新产品、新材料供应商的寻找、资料收集及开发 （3）对新供应商品（产能设备、交期、技术、品质等）的评估及认证，以保证供应商的优良性 （4）与供应商的比价、议价谈判工作 （5）对原供应商的价格、产能、品质、交期的审核工作，以确定原供应商的稳定供货能力 （6）及时跟踪掌握原材料市场价格行情变化及品质情况，以提升产品品质及降低采购成本 （7）采购计划编排，物料的订购交期控制 （8）协助采购稽核员规范采购政策和行为，确保公司利益 （9）与供应商以及其他部门的沟通协调 （10）主持采购部各项工作，提出公司物资采购计划 （11）调查研究公司各部门物资需求及消耗情况，熟悉各种物资的供应渠道和市场变化，指导并监督员工开展业务 （12）审核年度各部门的采购计划，统筹策划和确定采购内容，监督和参与产品业务洽谈 （13）审核商品采购合同、促销协议，确保供应商费用等指标的完成 （14）监督采购员的订货工作，确保分店和配送中心有充足的库存，同时保证较高的商品周转率 （15）按计划完成公司各类采购任务，并在预算内尽可能减少开支

续表

工作岗位	量化标准
询价员	(1) 及时掌握和了解市场信息，多渠道做好市场调查，熟悉燃料、物资市场价格体系 (2) 对公司固定资产、低值易耗品的价格进行广泛询价，降低采购成本；对公司计划经营部确认的价格提出建议 (3) 通过询价完善企业采购环节的监督体系，加强对企业资本运营的内部控制 (4) 配合相关部门做好材料、设备的招标工作 (5) 对招标文件编制、招标公示、供应商资格预审、评标规则制定、定标、开标等环节进行监督
库管员	(1) 公司仓库的全面管理工作，包括接货、发货、仓库货品区域规划管理 (2) 接到销售部的发货单时，按单配货，需要熟练掌握公司产品配置方案，尽可能地及时发现销售过程中的配货错误信息，以免造成不必要的损失 (3) 每日下班前更新仓库来货量报表、货物库存表，并将更新后的货物库存表分发给采购部、销售部等相关人员。对库存量不足的货物，应当天下班前向采购部提出库存不足预警，以便采购部下单补货 (4) 进行样品分发统计，所有免费样品要见单发货，并进行统计，每个月要统计一份样品出库表 (5) 每个月进行库存小盘点，每个季度协同财务人员进行大盘点，对于发生的库存异常现象要及时上报处理 (6) 对半成品进行入库、出库记录。必须每天及时把单据输入到系统，当天的单据必须当天完成 (7) 对客户返回的需要退换货的产品，及时进行清点、入库，做好记录，按规划放入指定区域，并及时与销售部沟通收到的退货情况 (8) 每月 10 号到 15 号要配合采购部进行对账，按供方的对账单来货数量进行核实 (9) 每天下班前对仓库进行整理、保持仓库整洁有序
采购员	(1) 按主管领导签字后的购物申请单将所需物资及时采购入库。抢修物资应在第一时间购回，保证生产正常运行，手续齐全 (2) 严格执行《合同法》，每月按销售计划精确测算生产计划所需消耗材料，按计划结合库存及时做好采购计划、合同及采购台账的登记 (3) 按计划落实物料到货情况，并及时提货；了解到货物料的质量情况和供应厂家的生产情况，发现问题，及时采取措施，并报主管领导 (4) 掌握原辅包、成品库存情况，结合库存，合理采购物料，合理安排发货，合理安排生产计划进度表 (5) 认真执行采购合同，依据采购合同核对发票交财务部 (6) 建立健全供应商档案，按 GMP 要求索取供应商资料，并建立档案 (7) 及时完成新包装材料前期设计样稿制作及传递审核

附录6 生产部门工作量化标准

生产部门的主要职责是根据企业的经营目标和经营计划，从产品的品种、产量、质量、成本、交货期等要求出发，采取有效的方法和措施，对生产人员、材料、设备、能源等资源进行计划、组织、指挥、协调和控制，确保按计划生产出满足市场需求的产品。生产部门工作量化标准见附表6。

附表6 生产部门工作量化标准

工作内容	量化标准
部门队伍建设	(1) 部门经理对本部门人员的稳定情况、流动情况、需求情况安排专门人员进行统计，统计按照周统计、月统计的方式进行，对当周、当月的数据进行汇总，绘制成曲线图 (2) 每周、每月对公司各部门、各职位的稳定、流动和需求状况进行汇总并分析原因，整理各部门、各职位不稳定的因素，并以内部工作交流的方式通知各部门经理 (3) 部门经理每天对直接下属的工作检查一次，对没有完成的工作要有详细的书面记录，并有标准的整改期限，对当天未完成的工作必须限定在12小时内完成 (4) 各级管理人员的工作处理实行5小时工作回复制，常规问题当场解决，一般问题5小时解决，复杂问题15小时解决 (5) 各级管理人员的工作考核由直接上级考核，考核采取每天检查记录并且公布的方式进行，考核检查结果直接记录在管理人员工作考核日记表上 (6) 员工如提出离职申请，直接管理者必须在接到申请的1个小时内与该员工沟通，了解原因，并将原因上报给部门经理。经部门经理同意后，在4小时内将该员工的相关情况反馈移交到生产部

续表

工作内容	量化标准
生产现场管理	（1）整理区分必要和不必要的物品，不必要的物品要及时清除 （2）防止污物的产生，不要的物品要清理，对污物源采取对策，杜绝其根源，并加以改善 （3）必要的物品要按照规定放在正确位置 （4）明确物品的摆放，减少“找东西”的时间，用 5W1H（谁、什么、为什么、什么地点、什么时间、怎么样）提高效率。定位置：规定物品堆放、工具放置、通道、班组（个人）工作场地的位置；定数量：对各区域堆放物品、设备、工具的数量加以控制；定区域：对产品堆放区可以具体划分为合格品区、不合格品区、待检区等；设置管理看板：使用看板明确空间和区域划分状态，使工作人员了解并执行；画线标识：使用油漆画线，用颜色界定区域，也可在画线的基础上用区域牌或醒目的文字标明区域功能； （5）清扫灰尘、污物、异物，使工作现场整洁干净；检查仪器、设备，实现无灰尘、清洁化 （6）严格按照要求规范操作，杜绝违规操作 （7）消防工具人人会使用，安全演练每月一次 （8）电线电路每月检查 4 次，安全警示时时可见
生产排期作业	（1）交货时间越紧急，越应安排在最早时间生产 （2）重点客户，其订单排程越应受到重视 （3）应充分考虑机器负荷，各工序生产线的生产速度应大致相同，尽量不要出现停工待料的现象 （4）工序越多的产品，出现问题的概率越大，应优先安排
改进落后生产	（1）改进夹具、模具，提高效率 （2）增加人力或设备 （3）将一些合适的订单进行外发加工 （4）延长工作时间，将单班制改为双班制或三班制 （5）由营销部门与客户协调，适当延迟交货期
生产跟踪	（1）生产跟踪有生产统计专门负责 （2）生产跟踪的内容包括采购跟踪、生产进度跟踪、生产成品入库跟踪 （3）生产跟踪采用生产跟踪表 （4）采购跟踪的内容包括：供应商的品质跟踪、供应商的货期准确性跟踪、供应商数量确定性跟踪、采购订单与计划订单的统一性跟踪。采购跟踪对采购的数量与计划的数量进行比较，对有差异的地方进行原因查询，并进行预防处理，同时备案 （5）生产跟踪的内容包括：生产指令跟踪、领料与材料使用跟踪、制作过程品质情况跟踪。对材料仓库发出的原材料进行跟踪，发出了多少材料，做了多少产品，余料和边料、脚料是多少？材料使用过程中有没有丢失？丢失在什么地方？是人为的原因找出责任人，承担相应的责任。仓库员有没有按照计划的数量发料，多发了还是少发了，多发了有没有追踪多余的材料，少发了有没有及时补上。操作工多领了材料有没有按照生产指令单的计划数量生产，车间生产管理员有没有进行多领材料的控制；生产进度是不是按照计划的进度进行，如果没有，是什么原因？将以上的情况整理成情况汇总报告给生产副总经理协调

续表

工作内容	量化标准
生产数据管理	(1) 生产数据管理由生产统计和各部门统计共同执行 (2) 生产数据的表现形式为生产日报表、采购日报表、仓储日报表、生产进度跟踪表、工序工时分析表、计件员工作分析表。生产周报、生产月报、采购周报、采购月报、仓储周报、仓储月报 (3) 日报在每天的8点前传输，周报在每周一的9点前传输，月报在每月的3号前传输 (4) 生产异常情况（品质、进度）在每个异常出现的2小时内整理成文档存档 (5) 生产产品的品质分析每周一次，在每周的周一公布
设备保养	设备保养主要指保持设备的清洁、整齐、润滑良好、运行安全，及时紧固松动的紧固件，调整活动部分的间隙一级保养：操作者保养，谁使用谁就负责保养，保养项目均为一般操作工可执行的工作二级保养：由设备维修部门负责对机器进行局部更换的检查，更换消耗性部件，保养周期视具体情况而定三级保养：对设备进行全面检修，如果公司内部条件无法完成，必须与专业检修的公司签订检修协议，定期至公司内保养检修
生产现场管理的颜色、看板管理	(1) 内容：制作规范的标识牌，标明品名、规格、数量、用途等；用看板将需要的东西放置整齐，使任何人一目了然，物品“在哪里”“是什么”“有多少”，避免待料、待工、误用 (2) 红色标签作业标准：使用红纸条以醒目为原则，也可使用其他的红色物品（如胶带）代替。使用红色标签，使人们对物品的状态一目了然；以红色纸条明确地分开需要与不需要的物品，并且处理掉不需要的物品；对超出有效期、变质、可疑的物品贴红色标签；将贴红色标签的物品放置在最显眼的位置
生产成本控制	制定标准成本，标准成本的制定从直接材料成本、直接人工成本和制造费用3个方面进行： (1) 直接材料成本是指直接用于产品生产的材料成本，包括标准用量和标准部门成本两方面。标准材料用量，首先，要根据产品的图纸等技术文件进行产品研究，列出所需要的各种材料及可能的代用材料，并要说明这些材料的种类、质量以及库存情况。其次，要通过对过去用料经验的记录进行分析，采用其平均值，或最高与最低值的平均数，或最节省的数量，或通过实际测定，或技术分析的数据等，制定用量标准。 (2) 直接人工成本是指直接用于产品生产的人工成本。在制定产品直接人工成本标准时，对产品生产过程加以分析，分析内容包括有哪些工艺、有哪些作业操作工序等。 (3) 制造费用可以分为变动制造费用和固定制造费用两部分。这两部分制造费用都按标准用量和标准分配率的乘积计算，标准用量一般都采用工时表示。

附录 7　销售部门工作量化标准

销售部门是连接企业与市场的桥梁。销售部门工作量化标准见附表 7。

附表 7　销售部门工作量化标准

岗位	量化工作标准
销售员	1. 服从领导，进行销售业务，拜访客户、开发市场，布置、实施销售政策和促销方案，收集市场信息 2. 负责公司终端各市场的产品介绍、推广工作，督导终端用户按照公司的产品特点及用户的实际情况合理使用各种产品 3. 对客户反映的问题能够马上解决的即刻解决，不能马上解决的尽快解决，自行解决不了的及时上报 4. 及时上报下列情况：A 客户对产品质量的反映 B 竞争产品的动态信息和区域销量 C 客户投诉、退货等相关事宜 D 经销商的库存数量，并督促经销商的订货进展，保障库存合理 5. 依据主管下达的区域销售任务，合理制定工作排期，并按时填报各种工作报表 6. 具有丰富的产品知识，能够清楚的向用户介绍产品的特点及同竞品相比的优势 7. 具有较强的协调能力，并能够根据市场特点及用户需要随时同经销商协商，保证各产品品种的最佳使用周期及产品销售范围的最大化 8. 按时参加工作会议，及时反映市场情况，为公司提供决策信息 10. 按时完成区域主管交办的其他工作任务

续表

岗位	量化工作标准
内勤员	1. 服从领导，负责销售部内务事务的工作 2. 负责销售部内务资料的整理，如销售合同、经核准的销售计划通知、结案手续的复核、工作报表整理等，配合营销副总做好内务管理 3. 负责销售部客户订单审核，并根据客户的订货计划开具票据，同时转交财务部 4. 负责促销品的保管，并建立健全保管账目 5. 根据公司规定的促销品搭配比例，和客户的订货数量核算出促销品的配送数量，并按规定流程及时发放促销品 6. 建立健全客户档案，准确掌握客户资料，严防因市场管理不善而给公司的销售工作带来不利影响 7. 建立销售人员业绩记录档案，准确记录每一名业务人员的工作业绩，为业务人员业绩考评提供数字依据 8. 熟知产品知识，清晰了解本公司产品和竞品对比的特点和优势，能够为电话咨询的经销商、用户和潜在用户做准确的解答 9. 掌握售后服务的业务流程，做好客户工作 10. 具有熟练的电脑操作能力和较强的语言表达能力，能够清晰、准确地完成各项工作任务 11. 每日考勤，掌握各区域市场销售人员的行踪，并及时将考勤上报行政部门，以便行政部门核算工资

附录 8　仓储部门工作量化标准

仓储部门是企业所有物资存储的核心部门，负责所有物资（包含生产工具、生产资料、产成品）的出入库管理。仓储部门是企业重要的财产保障部门，也是企业的配送中心和成本控制部门，它连接着财务、采购、销售及物流等相关部门，在企业里起着纽带的作用。仓储部门工作量化标准见附表 8。

附表 8　仓储部门工作量化标准

岗位	量化工作标准
仓储主管	1. 全面掌握仓库各厂家、各系列产品库存情况，根据生产进度以及业务部、采购部计划进度，确保产品正常进出库房以及产品的完整性 2. 负责安排监督仓管员、搬运工人的日常工作，督促仓管员做好各类台账，对产品进仓、验货等整理登记入账工作（做到准确无误），以便统计和核查 3. 及时与生产物资供应商沟通到货情况，并组织人员做好接货准备 4. 及时与相关部门人员核对产品出入库记录，对物品的出入库要及时验收、登记账簿，做到账物相符，发现问题及时向上级反馈 5. 督促和配合仓管员定期对仓库产品盘点清查，发现账、物不符时，找出原因予以调帐或上报公司领导处理 6. 负责工作安排的有序进行，并定期对仓管员、搬运工人进行工作培训和岗位考核 7. 刻苦钻研业务知识，全面了解各厂家各系列产品，统筹分析，对库区的工作做出相应的调整，达到有效管理仓库的目地 8. 严格放行条的签发和使用，不得乱发乱签 9. 监督好所有物品的保管工作，所有进出仓库的物品均须有相关责任人签字 10. 每周做好工作总结报告，如实反映工作情况和工作中遇到的问题，积极提出合理化建议 11. 以身作则，用正确的工作方法，积极负责的态度处理仓库日常工作 12. 关心、爱护、团结下属员工，解决下属员工的困难和问题。发扬团队精神，发挥团队力量

续表

岗位	量化工作标准
	13. 对于下属员工违反公司规章制度的行为要及时做出处理 14. 负责对仓库进行分区管理，各类物品要分区放置，摆放整齐，做好标识，井然有序 15. 加强管理，搞好仓库安全（防火、防盗、防破坏）工作 16. 对贬值、不完整和不合格产品向公司提出处理意见 17. 制定仓库管理制度，并根据相关制度对下属人员进行考核、奖惩 18. 按照公司的发展规划拟定部门人员编制，报公司批准 19. 配合公司其他部门开展工作，做好横向沟通 20. 认真、仔细、负责做好物流的出货、送货等统计明细
仓管员	1. 负责物料的收发、储位管理（物料的归位，利于存取）、料账管理 2. 物料摆放要有规律性（按物料的种类或按物料的编号摆放），以便能及时归位来料和备出物料 3. 及时跟催欠料 4. 按时上下班，到岗后巡视仓库，检查是否有可疑现象，发现情况及时向上级汇报，下班时应检查门窗是否锁好，所有开关是否关好 5. 认真做好仓库的安全、整理工作，经常打扫仓库，整理堆放货物，及时检查火灾隐患 6. 检查防盗、防虫蛀、防鼠咬、防霉变等安全措施和卫生措施是否落实，保证库存物资完好无损 7. 发货时，严格审核领用手续是否齐全，并要严格验证审批人的签名式样，对于手续欠妥者，一律拒发 8. 物品出库或入仓要及时打印出库单或入库单，随时查核，及时入单，月结货物验收合格及时将单据交与供应商，做到当日单据当日清理 9. 做好月底仓库盘点工作，及时结出月末库存数报财务主管，做好各种单据报表的归档管理工作 10. 严禁私自借用仓库物品，严禁向送货商购买物资

附录9　客服部门工作量化标准

客服部门主要面向客户，是连接企业和客户的桥梁，通过自身的服务提升客户满意度。客服部门工作量化标准见附表9。

附表9　客服部门工作量化标准

岗位	工作内容	量化标准
客服部主管	制定客户服务规范、工作流程和话术模板	保证可操作性，促成交易，提升客户满意度
	建立客户回访制度，并监督实施	1. 制定标准流程并严格执行 2. 定期检查实施情况 3. 抽查、检验成果
	组织客户调查及客户档案管理	1. 建立完善的客户档案 2. 及时更新信息 3. 对外严格保密
	建设客服部团队，进行内部培训和监督考核	1. 定期对部门员工进行相关培训 2. 制定新员工培训计划 3. 对本部门员工实施考核，并制定考核内容
	组织配合市场部门、推广部门进行新品推广、市场调研等各项工作	1. 提前制定工作计划 2. 过程中监督执行 3. 结束后检验成果
	做好顾客和公司各部门之间的衔接工作	1. 保证顾客的购物体验 2. 及时沟通、及时回复 3. 耐心听取其他部门意见

续表

岗位	工作内容	量化标准
客服部主管	督办客户投诉与意见处理过程	1. 及时处理 2. 保证顾客满意度 3. 第一时间反馈顾客
	定期向上级反馈可行性工作方案以及工作流程等改进建议	1. 以提升工作效率和顾客满意度为目的 2. 及时调整
客服专员	负责公司客服电话、QQ、微信群等客服工具的管理	1. 及时接听 2. 态度热情、友善 3. 站在顾客角度想问题 4. 提升顾客满意度，促成交易
	向顾客传达公司的优惠活动、商品	1. 以不打扰客户为前提 2. 态度热情、友善 3. 虚心听取顾客反馈并详细记录
	处理顾客的建议和投诉	1. 及时、高效地处理 2. 第一时间反馈顾客
	售后回访	1. 了解顾客的真实想法 2. 真诚地听取顾客的反馈和意见 3. 意见要及时反馈给有关部门，得到解决后及时反馈给顾客 4. 详细记录，存档备查
	将公司发布的文章推送到各个微信群等工具	1. 推送及时 2. 虚心听取客户反馈
	组织客户调查及客户档案管理工作	1. 建立完善的客户档案 2. 及时更新信息 3. 对外严格保密
	特定日期组织特色回访	1. 提前预案 2. 详细记录过程 3. 结束后检查 V
	部门文档的收集、整理、保管	1. 及时收集 2. 妥善保管，方便查找
	临时性向部门主管汇报工作	1. 特殊事件及时汇报 2. 追求高效、高标准